生まれはあなたを支配するけど
変わることだけが
運をよくする

占い師
Love Me Do

日経BP

はじめに

私たちは何かあったとき、どうしても「運」ということを考えます。

とりわけ、悪いことが続いたり、自分の力ではどうしようもないことが起こったとき、「最近運が悪いな」と誰だって思いますよね。

いったい運って、何なのでしょうか？


この本を手に取っていただき、ありがとうございます。占い師のLove Me Doと申します。

この本は、「運」をよくする本です。

運を信じている方も、いない方も、世の中には、「運がいい」「運が悪い」としかいいようのない事態があることは頷かれると思います。

古代から今まで、人間は何か起こったとき、「運」というものにすがらないと生きていけないのかもしれません。

「運」を意識したほうが、絶対に成功はつかめます。

特に、「運が悪い」ときに何ができるかは、その人間の器量によります。人生はいいときばかりではないと、きっとみなさんもご存じのはず。必ず「悪いとき」は誰の人生にもあります。その悪いときに、いかに運をよくする動きができるかが、あなたの歩む人生を決めます。

私は占星術、四柱推命、手相、タロット、姓名判断、風水、九星、夢占い、易、人相、数秘術など、ほとんどすべての占いをします。なぜこんなにたくさんの占いをしているのかというと、もちろん占いの精度があがるのもそうですが、理屈や理論が面白いから、勉強したらいつの間にか全部するようになっていました。占いは、とても論理的です。

じつは、占星術と、易、四柱推命を完璧にマスターすれば、全部の占いができるようになります。というのは、西洋は占星術、東洋は易と陰陽五行論（四柱推命の大本の理論です）からすべてが派生してきているからです。

占いが論理的なものなら、その中で、なぜ当たる占い師と当たらない占い師が生まれるのでしょうか。それは、占いは99％までは理屈でできているのですが、最後の1％は、その占い師のクリエイティビティによるものだからです。

たとえば、タロットカードで死神を引いたとします。死神のカードの意味は「バッドエンド」です。普通に考えるとよくないという意味ですが、ただ、これから絶好調になる人に出る場合もあります。その場合は、悪いことが終わった合図ですね。どうカードを解釈するのか、それが占い師の良し悪しを決めます。

これまで私は、約5万人を占い、ありがたいことに、「よく当たる」「会うと運気がよくなる」と言われてきました。特に各地で開催する占いライブは好評をいただいており、毎回予約が取りづらいといわれています。

また、サッカー好きの方で知っている方がいるかもしれません。「やべっちF.C.」のフットサル対決に出演していた時期もありましたし、また、サッカー関係の占いなどもさせていただいています。じつは、私がサッカーをするのも、占いが鍛えられるからで、たとえば、ゴールが決まる決定的なパスをするときなどは、選手同士が同じイメージを共有できるかが重要です。これは、言葉なしに感じとる世界です。サッカーほどスピリチュアルなスポーツはないと思います。
また、フィールドが大地、運をサッカーボール、それを奪い合い、味方と協力しゴールを決めるのが人、という見方をすると、試合は人生の縮図として見ることができます。

この本では、たくさんの方の相談を受ける中で私が体得した、運をよくするにはどうしたらいいのかというあらゆる方法をご紹介したいと思います。

この本で私が言いたいのは、とてもシンプルです。それは、「運をよくするのは、変わること」です。この一言に尽きます。

考えてみてください。ずっと何も起こらない、変わらない人生を。つきあう人たちも変わらず、いつもの場所にしか行かない。

現状維持ならいいや、と思う人も中にはいるかもしれません。でもどんな人でも必ず歳はとります。そして、周りもなにかしら変わります。絶対に悪いことが起こらない人生には、絶対にいいことも起こりません。ただ何もない人生は、ちょっとずつ衰退します。ましてや、人生には、本人がいくら気をつけていても、突発的に悪いことも起こるものです。

たとえば、2020年のコロナウィルス。これはまさに地球規模の災厄です。ここで、強制的に変わらなければならない人も多かったでしょう。

変わることで言えば、私がもうひとつよく聞く悩みは、「変わりたいけど変われない」ということもあります。

人生にはそれぞれ、「変わらなければならない時期」があります。誰の人生にも絶対に起こることなので、それをキャッチしているかどうかが大切です。

たとえば、あなたが「今つきあっている彼にイライラする」と思ったとします。「もうこんな会社にいられない！」かもしれません。あるいは、友だちと話していて、「仲がよかったはずなのにしっくりこない」ということもあるかもしれません。

そんな心の声は、変化の兆しです。見過ごさないでください。でも、自分がそうすることで誰かを傷つけるのを恐れたり、あるいは変わることを自分が怖がったりして、変化を逃すかもしれません。それは、とても損です。

変化は、スマホをアップグレードすることに似ています。自分をこまめに最先端にアップグレードできていれば、恋愛も、仕事も、人間関係もうまくいきます。

「会社を辞める」レベルの大きいことではなくても、小さいことでも構いません。「洋服を捨てたい」「部屋を片付けたい」「引っ越したい」「スマホが壊れた」なども全部チャンスです。「絶対に見返してやる」なんていう強い感情も、とてもいい兆候です。

一番いいのは、新しい人にどんどん出会うことですが、これは本編で詳しくご紹介します。

変化を逃すのは、チャンスが来ているのに気づかないか、変わらなきゃいけないのに未来が見えないことが怖くて、その状況にしがみついているか、どちらかです。

先が見えないことは確かに怖いですが、広い目で見ると、変わらないことは人生を放棄しているのと同じです。**私は、もう、変化マニアになってほしいと思います。**小さいことから大きいことまで、変われそうなことは全部「チャンスだ！」と思ってください。

それができたら、悪いことが起こっても、未来が見えないくらいの大きなウェーブが来ても、立ち向かえる心も育っているはずです。

「これからの人生、全部絶好調」と思っている人は危ないです。悪いことが起こったときに、不運に飲み込まれて終わりになることがあります。大変なことは、誰にでも、どんな人生でも起こりえます。それをチャンスだと思って魂を燃やせられるかが大切です。そういう人が、運をつかみ、広げられる人です。

詳しくは本編でご紹介しますが、じつは、人生の運は、生まれたときにかなり決まっています。それは結構影響が大きく、変えることが難しいとされています。ただ、運をつかんで、広げられる強いパワーを持つ人もいます。それが、「変化」できる人です。

小さい変化でも、一回変化がはじまったらもう戻れません。元には戻らないのです。この本を手にとった時点で、新しい変化がすでに起こっているはずです。

あなたが、変化を恐れず、力にして、そして、幸運をつかみとれることを祈ります。

CONTENTS

CHAPTER 1

変化のないところに運はない

CHAPTER 2

幸せな恋に落ちるには、自分の課題を解決する

CHAPTER 3

人の力でどうにもならない世界をちょっとのぞく

CHAPTER

4 覚悟があれば試練は乗り切れる

CHAPTER 1

変化のないところに運はない

運はプラスマイナスゼロ

「最近いいことないなぁ」「悪いことが立て続けに起きている気がする」。こういうときってありますよね。もっと悪いことが起こらないか心配になるかもしれません。

そんなとき、覚えておくといいのが「プラスマイナスゼロ」の法則です。**人生の運の量は決まっています。**

「いいこと」が起これば、「悪いこと」も起こる。「禍福《かふく》は糾《あざな》える縄《なわ》の如《ごと》し」という言葉がありますが、「いいこと」と「悪いこと」は表裏一体です。**つまり「悪いことばかりが起こり続ける」ということはありません。**

たとえば、幼少期に貧乏だった人は、大人になってお金持ちになる権利があります。なので、過酷な境遇だった人ほどチャンスの塊です。

マイナスのことばかりが起こったら、ラッキーがやってくる合図です。辛い状況を乗りきると、必ずいいことが待っていますので、悩みすぎず、時間がたつのを待つくらいの気持ちでいましょう。

大きな不運があったときほど、大きな幸運が返ってくると思ってください。マイナスが大きいほど、幸せのリターンも大きいです。運の反動も大きいと思いましょう。

ただ、その逆もしかりですので、幸せが続いた人は、ちゃんと構えておきましょう。

悪いことは、運の前払いで回避できる

それでは、幸せが続いた場合はどうしたらいいでしょうか？　後からくる不運を避けることはできないでしょうか？

じつは、不運は避けることができます。

先に「運の投資」をすることを覚えておきましょう。

たとえば、「電車で目の前の座席が空いても座らない」「募金をしてみる」。人のためにに、人のやりたくないことを引き受けるのです。大切なのは、この「私いま本当は座りたいけれど」「経済的にすごく余裕があるわけではないけれど」という感情です。偶然、目の前の席が空いたら「ラッキー」って、思いますよね？　しかし、そこで運を使わないようにしましょう。少し我慢をして、不運の前払いをしてください。

他にも、「厳しい学校に行って勉強をする」「スマホが使えない環境に身を置く」など、「本当はやりたくないけど……」という不自由な生活を送ることで、運は高まります。厳しいお寺の座禅に参加するのもよさそうです。

悪いことを避けるためには、「私だけが昇りつめてやろう」「私だけが幸せになろう」など「私だけが」という気持ちを自然と忘れることがすごくいいです。

ちなみに、「得をしたい」という気持ちが働くことは、よい運の前払いになってしまうので、どこかで大きなマイナスがやってきます。たとえば、もしギャンブルで富を得ても、その人は大きな運を使ってしまっています。

ギャンブルでうまくいっているように見える人も、別のことでは謙虚に生きてるはずです。成功しているように見える経営者たちも、多額の寄付やボランティア活動をしている人が多いですよね。

成功者や有名人だって、いつも聖人君子でいるわけではありません。ただ、知り合いだけでなく周囲の人すべてに、善い行いを忘れず「いい人」でいようとしたり、悪い部分を見せないようにしてるだけでも、運は貯めることができます。

「最近いいことが続いてるな」というときこそ、ぜひ自己犠牲を忘れずに！　ここぞというときに力を発揮するためには、「いいこと」があったときこそ、どんどん幸せへの投資を行っていきましょう。こうやって、運のバランスを保つ訓練を忘れずにいれば、ラッキーをつかみとれる体質になっていくでしょう。

運は家族でやりとりする

「運」は家族間でシェアするものです。

子どもが生まれると、親（特に男性）は仕事運が上がります。でも、子どもが成人して親離れをした瞬間、親の運は一気に落ちます。じつは、それまでは親は子どもから運をもらっていたのです。

息子が「オレ、東京に行く」と旅立った2〜3年後に親が大病したり、仕事がうまくいかなくなったりすることもあります。子どもに運を渡してしまったんですね。**運は家族間で受け渡しをされています。**

しかし、親がそこまで運を使わずに普通の生活をしてきた場合は、子どもに運が貯まっており、その子が20代になってからブレイクすることも多いです。

親の立場からいうと、子どもが多い人は、子どもが成人した後にいろいろと注意が必要です。

ちなみに、子どもたち全員に均等に運が振り分けられることは稀です。**誰かひとりが総取りするのが運の法則です。**ひとりが、その家族の運を引き継ぎます。次のページから、詳しくみていきましょう。

家族の運の法則

陰陽五行論は、この世のことすべて——神羅万象を理解するための学問です。この世のものを何でも、木火土金水にあてはめて、理解していくという古来よりの学問で、もちろん、家族もこれにあてはめて考えられます。

たとえば、父親を「木」と考えてみると、子どもは、それを助ける「金」として表すことができます。この金は「斧」とも考えられます。金は、木の枝葉をとりはらって、すくすくと大きくなるのを助ける役割なのですが、いずれ子どもが大人になると、父親は切り倒されるときがきます。お父さんは、子どもに乗り越えられていかなければなりません。

しかし、たまに「木」が大きすぎて、子どもが錆びついた「金」になる場合もあります。この場合は不幸です。親に子どもが潰されてしまいます。どうがんばったところでこの父には勝てない……。と思われてはいけないのです。**ときがきたら、切り倒されるぐらいでちょうどいいのかもしれません**。だから、いつかそのときがきたら、幸せだと思わねばなりません。

お母さんの場合は別で、お母さんを「木」とすると、子どもは「火」になります。**子どもの火を元気よく燃やすためには、お母さんは子どもにのびのびと、好きなようにさせることが大切です。**

お母さんが子どもの人生に口出しをしすぎたり過保護すぎると、火に薪をくべすぎるのと同じで、子どもが大きな炎にならずに、火が消えてしまいます。もし、お母さんが大黒柱で、お父さんが主夫の場合でも同じです。

子どもが多ければ多いほど、子どもは親に運を送っています。そして、親が活躍すればするほど、運は子供に行き届きません。だから、親はいつまでも社会の第一線で活躍せずに、ときがきたら裏方に徹する生き方をしたほうがうまくいきます。

年をとってなお父親がいつも「自分がいちばん」の生き方をしていると、奥さんに問題がでたり、子どもが出世できなくなります。子どもが成長したら、親はできるだけ社会をアシストするように生きることをおすすめします。

また、親が亡くなったとき、その運は子どもに贈られます。悲しくて、運なんていらないと思うかもしれませんが、これも運の法則です。喜んでもらってください。

運は身近な人ともやり取りする

家族間での運の話をしてきましたが、いつも近いところにいる人たちの間でも、運は共有されます。

たとえば、職場など、家族の次に長い時間一緒に過ごす、逃れようのない人間関係でも同じです。私たちの身近な人たちは、まさに運命共同体です。

だから、会社のだれかが調子がいいと、残念ながら、他の人の調子が悪くなり、運のバランスを取ろうとします。**チームの人が風邪を引いたり、体調が悪くなったときは、「私の代わりにこの人が運の悪さを引き受けてくれている」と思ってください。**

運を上げる方法は、「運の悪さを前もって引き受けること」です。人生の運の量は一緒です。先に悪いことを前払いすると、のちのち運はよくなります。

たとえば、あなたの職場に、チームの足を引っ張る人がいたとします。職場の環境も、ひとりひとりの「幸せへの投資」で成り立っています。

そういうときは、みんながやりたがらないことを引き受けるようにすると、周りのメンバーにいい仕事運が回ります。

チームの誰かが足を引っ張っている――そう気づいているあなたは、すでにその人よりも仕事ができています。

こんなことを言うのは本当に申し訳ないのですが、自分の仕事がうまくいっているときこそ、「他の人の運を私が使っているんだ」と思いながら、すすんでめんどくさいことを担当してみてください。

たとえば、コピー用紙を補充したり、ヘルプをかってでたり。「私、やりますね！」と相手をいたわることができれば、より素敵です。

「サボっている人の分をどうして私が？」という気持ちにもなるでしょう。でも、「幸せへの投資」は幸運として自分に跳ね返ってきます。ひとつの運を分け合っているチームだからこそ、全体の運を上げることが先決ではないでしょうか？

もし、「自分の仕事もうまくいってない上に、メンバーが何もしない」という悪条件でも、ここががんばりどき。成功を手に入れるためには、自分ひとりだけの運ではなく、周りの運を得ないといけません。自分以外の人に還元しながらがんばっていると、神様はちゃんと見ていて力を貸してくれますよ。

運は相手に渡したり、
相手からもらったりしている

家族や共同体で運を共有していることがおわかりいただけたでしょうか？　つまり、「いま、メンバーの誰が運を使うか？」が鍵になります。

夫婦間においてどちらかの仕事が順調なら、どちらかの調子が悪いことで、残念ながら運のバランスは取れています。

夫が大きな仕事が決まったタイミングで妻が仕事でミスをしたり、お財布を落としたり。もっと小さなところでいえば、虫歯ができたり、風邪を引いたり、体調に変化が出ることもあるでしょう。夫婦間に溝ができることも……。

でも大丈夫、運は前払いできます。

おすすめしたいのが、**仕事が順調なほうが、めんどくさいことを担当すること。**洗濯や料理などの家事のほか、忙しくて疲れて帰ってきたときほど、「今日、疲れたでしょ？」と相手をいたわりながら、肩を揉んであげるとか。コンビニでデザートを買うだけでもいいでしょう。

「相手のために何かをやってあげること（＝自己犠牲）」がとても大事なので、これさえ意識できれば、転じて夫婦円満のきっかけにもなります。

大きな運がやってきたら
寄付する

何度もいっていますが、運は総合するとプラスマイナスゼロです。だから、自分の働きを超えた成果や、突然のラッキー、巨額のお金が入ってきたり、自分だけが幸せになったと感じる出来事があったら、むちゃくちゃ気をつけてください。**つまり、身の程より大きな幸運の場合です。**

寄付をしたり、誰かにプレゼントをあげるとか、後輩にごちそうするのもいいかもしれません。とにかく、自分にマイナスを生んでください。

身に覚えのない大きな幸運は、不幸の合図かもしれません。たとえば、宝くじの一等に当たって急に何億円ももらった場合など、その後の人生はどうなるのでしょうか。「した仕事以上の報酬をもぎとった」「玉の輿すぎるところにお嫁にいった」なども、もしかしたら、何か起こるかもしれません。何事も、大きな幸運がきたときは、喜ばしいことだけではありません。転ばぬ先の杖と言いますが、不運に備えましょう。

また、**家族の運のトータルは同じなので、家族に起こることもあります。**セレブたちには、寄付したり、社会貢献をする人も多いです。自分の幸せや喜びだけのためにお金を使っていると、不幸になります。

運の器の大きい人は、
ふだんから謙虚な人

不幸を回避しやすい人がいます。それは、とにかく「謙虚」な人です。ふだんから謙虚な人は、大きな幸運が起こっても、「これは私の実力」などと調子に乗ることなく、周りに感謝をして、自然と運の前払いをしているからです。不幸を回避できる、ある意味器の大きな人物と言えるでしょう。

「私は謙虚とは程遠いかも」とびくっとした方もいるでしょう。大丈夫、心がけるのは、普段は自分を主張しすぎていないけれど、自分が活躍しなければならないタイミングで自己主張できるようにすることです。**常にリーダーじゃないほうがいいでしょう。普段は周りの人を主役にしている人が運の器が大きいです。**

また、神社や寺、教会などに行くのもとてもいいです。自分より確実にすごい力を持つ、大いなるものがこの世にあって、自分の意志と無関係なところで運命が決まっていると思ったほうが運をつかめるようになります。お守りのようなものを身につけても同じ効果がありますが、実際に神様に会いにいったほうがより感じられます。だって、神様より偉そうにはなかなかできません。道の真ん中を空けて歩いたり、すれ違う人に「こんにちは」とあいさつしてみたり、**みんなが神様の下では、同じちっぽけな人間だということに気づけば、人生は違ってきます。**

「運」は
生まれ持ったものだから
変えるのはむずかしい

運には、プラスマイナス以外にも、大きな特徴があります。

風水では、1に宿命、2に運命、3に風水、4に陰徳、5に努力と言います。

上位にあるものが、下位にあるものを縛ります。

どういうことかというと、生まれた家が金持ち、貧乏、頭がいい、運動神経がいい、顔が可愛い。これらはすべて宿命です。これには、どう抗っても逆らえません。もうどうにもならないことで、これがいちばん強い力を持ちます。そして、これはすごく大きいもので、変えるのが難しいです。


でも、これは諦めたり、落胆しろということではありません。

一番大きな力を持つ宿命は、つまり「今の自分」のことです。今の自分を受け入れることが、人生を生きるためのいちばんの基本。生まれはどうしようもないのですから、自分の立ち位置を冷静に把握しましょう。

宿命は、言い換えると、死ぬまで変わらない武器です。自分の武器をどう使うか。ここに大きなヒントが隠されています。

大丈夫、生きていくために2の「運命」の力を最大限に大きくすれば、怖がることはありません。

その「運命」とは、私たちが考える、いわゆる運のこと。生まれ持った運はとても強く影響しますが、しかし、自分の行動で運命が変わり、運が開けることもあります。**そうやって、運をつかめるタイプなのか。これが運命です。**

「あれ、これまで運はトータルって言っていたけれど？」と思った方、ここがカギです。持って生まれた運を変えることはとても難しいけれど、変えることができる人はいます。詳しくは次の項目で説明しますが、いったんここでは、そう覚えてください。


この本で「運」をよく知り、いかにつかんでいくか、その方法を知りましょう。

そのためには、3以下が重要になってきます。3の風水とは「環境」のことです。風水とは、今いる環境を変えたり、よくしたりする学問です。自分がいる場所や状況を変えることは、運をよくするためにとても重要なのです。

そして、3の環境が何らかの事情により変えられない人がするのが、4の「徳を積む」こと。いいことをすることで運が上がっていきます。これをすることですね。

そして最後が努力です。「え、努力ってこんなに順位が低いの？」と思うかもしれません。でも、残念ながらそうなのです。つまり、努力するよりは、人のために徳を積むほうが幸運を呼びます。

物事には優先順位があります。4、5が無意味なわけではありませんが、ぜひ覚えておいてください。運をつかみ、広げるため、この本では風水だけでなく、私が研究した、あらゆる占いをご紹介していきます。

運がよくなる
唯一の方法は変化だけ

さきほど、運は天から与えられるとお伝えしました。そのトータルも決まっています。運のプラスマイナスゼロ理論は、このトータル量で調整されます。

スタート時点、つまり生まれたときの宿命は決まっています。ちょっと考えてみてください。家族ひとつとっても、いい家庭、悪い家庭と、残念ながらあるのです。

では、持って生まれた運はもう変えられないのでしょうか。

変えることは、じつはとても難しいのですが、しかし、自分の行動で変えることは可能です。運の伸びしろを出し、運の総数を変える方法があります。キーワードは「変化」です。何もないときでも、変化を必ず意識し、虎視眈々と狙ってください。

もし、あなたが今耐えがたい状況にいたとして、ああいう風にはなりたくない、こんなところにいたくない、と思っていたりしたら、それはすばらしいことです。

たとえば、幼少期に貧乏なのは、じつはチャンスだったりします。

逆に、その状況をネガティブにとらえてしまうと、運がない、恨みだけの間違った人生を送ってしまいます。見返してやるという気持ちになるかはとても大事です。

いつも、自分が天に愛されているという自覚を持ちましょう。天に愛されているから、次のステージが必ずそこにあり、自分自身も変われるのです。

そこで重要なのは、「他人」です。**あなたに変化を起こしてくれるのは、いつだって他人です。**

いつも同じ人に会っていると、状況は変わりません。その人の後ろに続く人も、いつもと同じ人だからです。環境自体を変えるまでにはいきません。

いつもと違う人とつきあってください。いろんなタイプの人と仲良くなるのが理想です。もし難しいなら、美容院や洋服を買いに行って、外見を変えてみてください。

人は、同じタイプの人と仲良くなるものです。だから、外見を変えるのは最高です。それが難しい人は、趣味をシフトしましょう。アイドル好きからスポーツへ、映画からパンづくりへなどというように、行動を変えると、つきあう人も変わります。

めちゃくちゃ興味のないユーチューバーを見てみるのもいいです。最初に興味がまったくないことをすると、苦しさの先取りになって運が上がります。興味を持って始められたらまた運が変わる。**毛嫌いしているものの中にこそ運があります。**

こうやってステージを変えると、そこで運が伸びます。ただ、そこにも運の総数があります。そのステージにしがみつくと、また運がなくなります。常に新しい人に会う。常に変化する。これが、運にとって大切です。

努力よりは環境をよくする

運の優先順位を見て、「努力って、そんなにランクが低いの?」と思った方はいませんか?

残念ながら、努力は実は一番価値が低いのです。でも、心あたりはありませんか?たとえば給料の低い会社に勤めていたら、自分がいくら努力しても給料は上がりません。問題のある人とおつきあいしていたら、いくらがんばっても幸せにはなれません。つまり、3の環境がよくなければ、努力なんて意味がないのです。

もっといえば、一番簡単に運をコントロールできるのは風水、つまり環境です。運を高めたい場合は、まず、「場所を変える」といってもも過言ではありません。

だから、転職も風水の考え方ではチャンスです。これは効果絶大ですよ。だって出世しない会社よりも、出世しやすい会社へ移ったほうがいいですよね。

では、出世しやすい会社ってどんな会社でしょうか。

ここ、一番知りたいですよね。それは相性のいい「人」がいる場所です。自分と仲が良い人たちといたほうが、価値感が似ているので評価されます。環境は、変わればよくなります。だから、ヘッドハンティングがあって、今よりも環境がよくなると感じたら受けたほうがいいでしょう。

これは、他のことでも言えます。**とにかく、「なんかうまくいかないな〜」と思ったら、環境や人間関係を変えるのが手っ取りばやいのです。**その基準は、その環境にいる人と相性がいいかどうかです。そこだけちゃんと調べましょう。

なかなかそんなにがらっと変えられない、大それたことができないという人は部屋の間取りを変えたり、引っ越したりすることもおすすめです。

もしかしたら、好きな色が間違っている可能性もあるので、部屋を支配する色、スマホや鞄、財布の色を変えてみてください。ガラッと反対の色にしてみるのがおすすめ。たとえば、いつも青系の洋服を着ている人は、赤系にしてみましょう。

そういう細かい変化も運気アップの鍵になります。

運気を上げる自己犠牲と、無意味な自己犠牲

運をよくするために大切な「陰徳」。陰でこっそり徳を積むこと、つまり、他の人に親切にすることですが、これには、コツがあります。せっかく親切にするんです。**どうせなら、ランクの高い徳の積み方をしましょう。**

ちなみに、陰徳とは「自己犠牲」と言い換えることもできます。陰徳には、自分を犠牲にするというニュアンスが含まれます。

自己犠牲には大きく分けて3つの種類があります。

ひとつは、見返りを求めないで、ただひたすらに「世の中のために」「みんなのために」と思って行動する無償の愛。周りにいる人が「この人はすごいヤツだ」と評価する、まごうことなき親切です。ナイチンゲールやガンジーなど、世界レベルの偉大な行動はこれにあたります。ここまで立派ではなくても、ボランティアや国際貢献など。これは立派な陰徳です。

ふたつめは、メリットとデメリットを考えてやる、打算的な自己犠牲のこと。今はこの人に尽くすと、この先いいこととして返ってくるだろうという計算のことです。これも、ちゃんとした陰徳です。**このタイプは、目の前の利益だけでなく、大きくとらえることができたら、より運気が上がる人がたくさんいそうです。**

たとえば、あなたがあるメーカーの営業だったとすると、この商品が売れれば自分の評価も上がるし、世の中に便利なものが広まる、というのがこれに当たります。神様は結果重視なので、下心があってもなくても評価してくれます。あなたの今一生懸命やっている仕事は、世界とどういう関わりがあるでしょうか？　少し考えてみてください。

そして、意味がないのがドMな自己犠牲です。これは、陰徳にはカウントされません。いくら自分を犠牲にしても、運は吸われるだけ。ひたすらに不幸への道を突っ走ってしまう行動です。

これは、感謝なんてされていないのに、自分の生きがいになってしまっていたり、自己犠牲自体をすがるものとしてしまうパターンです。成果を上げてないのにずっと働いているワーカホリックな人や、報われない相手にお金を渡したり、尽くしたりしていることを指します。いいように使われ、ダメになってしまう人です。

いちばん最後の「意味のない自己犠牲」は、特に本人が気づきにくいところがやっかいなところです。だって、表面上はだれかのためになっている気がするでしょう？

でも、注目すべきなのは、いちど立ち止まって、あなたが親切にした先に何があるか、きちんと先を読むことです。2番目の陰徳「目の前の利益だけでなく、大きくとらえることができたら」につながりますが、あなたの自己犠牲は、未来につながりますか？

広い視野を持ち、自分がこの世界と、どうつながっているか考えられる人も、運がある人とない人の違いです。こういう人は、人にも恵まれていい展開に導かれていきます。それに、世界に貢献したって思えると、なんだか死ぬときにも満足して死ねそうな気がしませんか？

ダメな自己犠牲の場合、妙に優しい人にも気をつけなければいけません。詐欺師なんて、感謝の言葉を巧みに使いながら、懐にスッと入ってきます。あなたが「これは自己犠牲だな」と思ったときに、その先に何があるか、立ちどまって考えてみてください。

未来につながる環境をよくする

あなたの運を最もつかさどる最上位の「宿命」に、家系の問題があります。先祖がいいことをしていたら、あるいは悪いことをしていたら、それが自分にきます。

ご先祖様がいいことをしてくれていたらいいのですが、そうでない場合は、自分の代で不幸を終わらせるためにがんばりましょう。それも宿命です。

基本的に、宿命は大きいものなので変えるのが難しいと言いましたが、そのためにすればいいことが、じつは、ふたつだけあります。

宿命は、今生きている人には見えない過去と未来の時間の流れです。今の時代だけではなく、過去や未来の時間も大切にしましょう。ご先祖のお墓参りもそうですが、もっと踏み込んで、ご先祖の時代に奉仕をしたり、未来の子どもたちや子孫の運気が高まることをしましょう。そうすれば、未来の人たちや子孫がこっちに運を返してくれます。

具体的には、たとえば歴史に詳しくなったり、伝統的な工芸や芸能などを大事にしたり、功績を収めた人や過去の遺産をリスペクトしたら過去のカルマが消えるかもしれません。未来なら、環境問題や、みんなが住みやすい未来をつくる仕事や人への支援などでもいいです。過去と未来に貢献するという広い視点を持ちましょう。

26歳では勝負に出なければいけない

人生には、いくつかの勝負所があります。どんな人生でも、絶対にあります。何を選ぶべきなのか、そもそも動いたほうがいいのか、このままのほうがいいのか。

でも、だれも「今だよ！　今があなたの勝負所だよ!!」とは教えてくれませんね。

大前提として大切なのは「ここは私の人生の勝負所だな」と気づくことです。

そんなときには年齢を基準にしてみましょう。

占星術の考え方なのですが、大きな影響を与える星は何年もかけて、あなたの人生をめぐっていくのですが、転機となる年齢は決まっています。

人生で特に大切なのは、20、30、40代の若い時期。ここは人生の中でも運気が動きやすい時期で、そして人生を決めます。いくつか時期があるので、知っておきましょう。

まず最初の転機は26歳です。人間は26歳までに仕掛けないと、成功できません。たとえば、このときまで親と一緒に住んでいたとして、もしその親が強い場合は、のちのちまで言いなりになることもあります。だから、もし経済的に厳しくても、ひとり暮らしを始めたりして自立しましょう。

運を最も引き寄せるのは、「自分の人生を歩むこと」。転職も、恋愛もそうです。そのために、26歳までに動き出さなければいけません。最も必要なのが、恋愛の決断です。大きな恋の転機が26歳前後にあると、人生はよくなります。結婚か、失恋か。若くして結婚していたら、離婚もとてもいいです。

26歳とセットなのが29歳です。26歳で何かを始めたら、その成果が29歳に何かしら出てきます。それは、もしかして傍目には悪いことかもしれません。転職したけれど、会社が潰れるとか。でも、そこがチャンスです。

26から29歳は、人生の助走の時期です。**この時期に苦しんで、「やばい」という危機感が生まれた人は、その後の人生の大きな武器を手に入れています。**「やばい」という気持ちが大切です。だから人生に本気になれます。

でも、この助走は26歳に始めないと、絶対に何も起こりません。人生が実りあるものであるか、ないか。26歳までに、自分の心の声に正直に、決断を必ずしてください。

29歳は1回目の成果発表

さきほど、29歳に成果が出るといいました。多少人によってはずれるので28～30歳くらいといっておきましょう。

占星術でいうと「サターンリターン」といいます。人生にとって転機となることが、必ずここで起こります。それは、いいことか悪いことかわかりません。でも、大切なのはそれが表面的にいいや悪いではなく、そのあとの自分の人生の方向を決めてしまう、ということです。

どうせ29歳で何かが起こるなら、26歳で決断していたほうが、より方向が定まって、いい方向に進めます。「これが自分の人生だ」と責任と覚悟を持てる人のほうが圧倒的にそのあとも努力できるし、強いです。

29歳の正解は、苦しい方向に進むことです。だから、むしろ不幸があったほうがいいかもしれません。**29歳は、「黄金の魂」になれるかどうかを決めます。**この年齢は、まだ若いので逃げることもできます。親のすねをかじったり、深く考えることなく新しい恋を繰り返したり。でも、「お金にならないかもしれないけど、やってみよう」とか、「この人は私を大切にしない人だから思い切って別れよう」とリスクをとると、それが数年後花開いてきます。

36歳前後で動けない人は運を失う

もし、あなたが30代で、転職を考えていたら、私は転職することをすすめます。

特に、36歳あたりで「このままでいいんだろうか?」と思っているあなた。あなたは、きっと頭がよく、人生に対する感性が優れている人です。

36歳の「悩み」は、「悩み」というよりは「迷い」といったほうが近いような気がします。

「悩み」と「迷い」の違いは何でしょうか。

「悩み」とは自分を苦しめるモトがあって、それをどう克服しようかと思っていること。しかし、「迷い」は、同じように苦しんではいるのですが、その苦しみにどうアプローチすればいいかわからない、という、まさに「決められない」状態のこと。さまざまなことを経験し、ある程度足場がある36歳は、手放すのにもったいないと思うこともあり、「迷い」の多い時期です。

そのときに何をすればいいのか、36歳は運を動かせるかどうかの大きなターニングポイントになります。

では、何をすればいいのでしょうか。その答えは「全部捨てる」です。たぶん、36歳で捨てようかどうしようか迷っているものは、「得るのに時間がかかったもの」「あなたの時間をたくさん費やしたもの」です。そこそこいい年齢ですから。裏を返せば「あなたの人生の中で時間をとっているもの」です。ですが、ここで捨てられると、より大きいものが入ってきます。むしろ、この最後の若い年齢で、勝負に出てみましょう。

次の項目に書きますが、まだ最後のチャンスの年齢があります。これに挑めるようにしましょう。**人生が有限なことに、36歳で身に染みて気づけるかが大切です。**

たとえば、転職を迷っている場合は、これまであなたがその会社で築いたものが必ずあるはず。それを思い切って捨てちゃうと、これからの人生の運が動きます。

何もない状態は不安でしょうが、その不安があるから新しいものを引き寄せます。

全部捨てても、きっとそのあと得る、これまでの人生で想像もしなかった大きなものに「あのとき捨ててよかったな」と思えるはずです。

42歳で大逆転をすること

最大の転機が42歳です。この年齢で、どんな人でも必ず人生の「大逆転」がやってきます。

天王星という星があるのですが、これは変化や変動を象徴する星です。天王星は、ひとつの星座を約7年かけて移動します。つまり、12星座を一周し、天王星が自分の生まれた星のところに帰ってくるのに84年もかかるということです。

この半分の42年経つと、ホロスコープ（占星術で占うための天体の配置図）上で、ちょうど反対の部分に来ます。つまり、状況が180度変わって、劇的に変わるチャンスがくるのです。

天王星は、産業革命のときに見つかったので「革命の星」ともいわれます。大きな革命が起きるのが42歳（人によって多少、前後はするので40〜44歳）ということです。

ここでいう「大逆転」とは、今まで無理だったことを受け入れられるようになるというか、「覚悟が決まる」というようなイメージです。ようやくに人生に本気になれる人も出てくるでしょう。

たとえば、これまで何となく生きてきた人には、「今やらなかったら一生後悔する！」「どうする!? 今すぐ決めて！」という事件が起こります。あるいは、反対に生き急いできた人には、いったん立ちどまって考えるべきだという出来事が起こるかもしれません。

いずれにせよ、42歳は決断を迫られる年です。**ここで何かしらの「覚悟」を決めなかったら、負けます**。「大」逆転するための、最後のチャンスです。もう残された時間は少ないと考え、焦ることが大切です。プレッシャーに押しつぶされずに楽しめるようにしましょう。なので、普段から、覚悟を持つために心のトレーニングをしておかなければなりません。42歳で決断をしなければならなくなったときに、ちゃんと覚悟を持っている人のみが、自分らしい人生を生きていけます。

ここで生きてくるのが、36歳で何を捨てたかです。

30代のときに、時間が有限なことに気がつけるか。自分なりに準備を始めた人生は強いです。それが覚悟であり、一度「捨てる」ことで見つかるものです。簡単な話でないからこそ、36歳で捨てた人だけが大逆転の42歳を迎えることができます。

58〜60歳で、2回目のサターンリターンがあります。つまり、ここが最後の勝負どころ。このときの試練を大切にしてください。覚悟があれば、人生はいつだって変わります。

運は天から落ちてくる

運を知る上で、「気」のことも知っておきましょう。気とは目には見えない生命エネルギーのことです。このエネルギーは、いい悪いの区別はなく、何かの元になります。もちろん運の元にもなります。

人間もそういう気をまとっています。さわってないのにくすぐったい、みたいなのも気です。山の気や水の気などいろいろありますが、天からも気が落ちてきています。**そして、天の気がいちばん強いです。**

天から落ちてきた気は、大地で跳ね返り、人に影響を与えます。これを東洋の運命学で、天地人三才と言います。太陽の光や宇宙の星のエネルギーが、大地に降りてくるのです。それを、たくさん拾えば大きなエネルギーをキャッチできます。**大地を踏みしめていろいろなところへ行くと、天から落ちてきた気を受けとめられます。**

だから、足に関わるものはていねいに手入れをするといいでしょう。穴の空いた靴下や汚い靴は捨てたほうがいいし、清潔にケアをして、消臭スプレーをこまめにかけるのもおすすめです。足が喜びそうなことは、どんどんやったほうがお祓いになります。

あなたは雲の上の人か、5階の人か

「成功したいから、マンションの高い位置には住まない」というタレントさんは結構います。

「気」は天から降ってきて、大地に跳ね返ることもあると先ほど言いました。そして、たとえばマンションだったら1階から5階ぐらいまでしか、気が跳ね返らないと言われています。

では、タワーマンションの上のほうに住んでいる人は運気が下がる？　というと、多くの人の場合はそうだといえます。ただ、この法則に縛られない、とびぬけた人もいます。

一代でのし上がった一流企業の社長やトップの芸能人など、ずっと浮世離れした人生を送れる人たちからすると、「気」の跳ね返りのパワーはあまり関係ありません。むしろ、そういう人は高いところに住んだほうが、そのまま浮世離れした一生を送ることができます。**これは直接、天の気に触れていて、その運気に負けない力があるこ**

とを意味しています。

逆に、ラッキーで富を得た一発屋みたいな人たちが、その場のノリでタワマン生活を始めると、大惨事になります。情緒不安定になったり、借金を背負ったり、家庭が崩壊したり。

なぜなら、運の強い人以外の人にとって、高いところというのは「天の領域」なのです。そして、そこに住める人たちも、ちょっと人間離れしています。人間界とはルールが違うので、うっかりそこに入ってしまい、人間離れした人たちと交じるのがつらい人もたくさんいるでしょう。

たしかに天は気がすごくあるところなのですが、元々強運じゃない人がそこに住んでしまうと、逆にひどい目にあいます。普通の人は、無理して住まない方がいいです。そこに住める人と、住めない人がいる。これも真理です。

あなたはどちらの人ですか?

自分を見極めるのも、幸福な人生を送るために大切です。5階までに跳ね返ってくる運をつかむ人生も、豊かですよ。

もっと絶望してみる

人生には「どうせ私なんて」と思う瞬間はきっと誰にでもあります。いつも思っている人も、そうでない人も、「どうせ、私なんて」と思ったら、ぜひ試してもらいたい方法があります。

まず、「どうせ、私なんて」と心から思っているか確認しましょう。本当はまだちょっと自信が残っていたりしませんか？

そうならば、まだまだ中途半端です。運は、変化をすることで入ってくるといいましたが、**最も強い変化を呼ぶのは、裸一貫、ゼロからのスタートです。**強い決意と意志、それがすべての幸運を呼びます。神様もそんな人には道を照らしてくれます。だから、もっともっと、今の自分に絶望してみましょう。絶望は吉なのです。

本当に落ち込んだとき、陰と陽は反転します。「陰極まれば陽となす」という言葉がありますが、陰のネガティブなエネルギーも極まると、陽に変わります。ちなみに、陽も極まっていくと最終的に陰に変わってしまうので、調子に乗るのも禁物です。

たまに「どうせ、私なんて」という思いが強すぎる人がいます。そういう人は、アドバイスを素直に受け入れることはないでしょう。物事をネガティブにとらえることで自分自身を守っているからです。もっともっと、真剣に絶望してみましょう。

3年くらい耐えると運がよくなる

土星は、試練の星です。この星が、あなたの星座に入ると、あなたの人生は試練の連続になります。土星は2〜3年くらいでひとつの星座を移動します。人生はこの数年間をがんばって試練に耐えたら、何かしらの光が見えてきます。あなたは何座ですか？　次ページに、ざっと星座別の試練の年をまとめた一覧表を貼っておきます。

ただし、この試練というのは、自分が輝くために必要なことです。土星を、ただ辛い厳しいマイナスの星だと考えてはいけません。自分自身と真剣に向き合うチャンスを与えてくれていると考えましょう。自分の弱点と向き合い、それを克服するために一生懸命、努力する。そこから、輝く未来が手に入ります。土星は何かを極めるために通う学校だと考えるといいでしょう。

ダイエットに成功したから、魅惑のボディになってモテる。何か苦しいことがあるから、辿り着ける景色があるのです。そういう「努力をした結果、ついてくるもの」に気づかせてくれるのが土星です。

土星は、幸運な人生のための土台づくりです。**3年くらいがんばったら、いい人生になるなんてお得です**。とにかく基礎。それを積むための試練、その目安が2、3年です。よく「石の上にも3年」と言いますが、「土星の試練も2、3年」です。

牡羊座	2025年05月25日～2028年04月12日
牡牛座	2028年04月13日～2030年05月31日
双子座	2030年06月01日～2032年07月13日
蟹座	2032年07月14日～2035年05月11日
獅子座	2034年08月27日～2037年07月06日
乙女座	2036年10月16日～2039年09月05日
天秤座	2039年09月06日～2042年07月13日
蠍座	2041年11月11日～2044年10月30日
射手座	2044年02月21日～2047年10月21日
山羊座	2047年01月25日～2050年01月20日
水瓶座	2020年03月22日～2023年03月06日
魚座	2023年03月07日～2026年02月13日

※土星は一時的に「逆行」することもあり、ひとつ前の星座に戻ることがあります。土星が次の星座に完全に移るまでは、ふたつの星座に影響を与えると考えてください。

調子がいいときは、同じことをずっとやる

「きれいに掃除したり、整理整頓をすると運気がアップする」とよく言われますが、もし汚くても、うまくいっているのであれば、そんなに掃除する必要はないでしょう。そこに「運」があればガンガン無視してOKです。

うまくいっているときは、同じ場所で、同じことをする。これが運をうまく使うコツです。もちろん、運が落ちてきそうだなと感じたら、変化が必要ですが、それまでは無理に動かす必要はありません。運があるうちは、そこにとどまってください。

たとえば、オフィスを移転した途端、会社が上場したという話もよくありますが、これは元々、移転先の場所が持っている「運」による力です。ここには運があるので、それ以上何もしなくて大丈夫です。**このように、空間にも運があります。なくなるまでそこにいましょう。**

逆に移転先がまったく運のない場所だと、規模を縮小せざるをえなくなることもあります。自宅でも机だと仕事がはかどらないけど、リビングや、階段で作業すると仕事がはかどるなどもあるでしょう。それなら机にこだわる必要はないです。仕事の打合せも社内だと面白い企画が浮かばないのであれば、面白い企画が浮かんだ場所、会話が盛り上がるお店などで打合せをするようにしましょう。

ただ者ではない雰囲気を出してみる

「こいつは何か持ってそうだな！」と周りに思わせることは、けっこう大事です。**才能があるなしではなく、「才能があると思わせること」が人生において重要なのです。**

こういった雰囲気を持つ人には、チャンスが舞い込みます。

いつもできると思わせる必要はありません。「ふだんはダメだけど、でもなんかやりそうだ」という温度感。ここがポイントです。

そこで、私がおすすめしたいのは「天然」です。**天然キャラの愛されぶりは、大物につながります。**「私、天然じゃないから」と思わないでください。天然になってください。

コツは「言葉で自己主張しすぎない」です。言葉ではなく、背中で語ること。雰囲気で語ることです。

バラエティー番組でも、番組ＭＣがタレントに話を振ったときに、そのタレントが緊張して間違えたフレーズや、勘違いした発言、ミスや失敗が大爆笑をかっさらったりしますよね？　その途端に主役に躍り出ることはよくあります。失敗やミスや天然発言は、可愛く思われ愛されます。「持ってるな……」とも思われます。

こういう効果を自分でつくり出すなら、派手にするだけでも効果があります。髪が金髪なのに大人しいとか、ギャルみたいな服を着ているのに、すごく真面目とか。

ここでのポイントは、外見を派手にして「自分から前には出ない」です。そしていじられる可能性は残す。シーンと静まり返っているときに物をポトンと落として、音が響いてしまって焦る展開も悪くないですね。こういう、自分では何もしてないのに注目をなぜか浴びる天然の人は、大物感を出します。謙虚な姿勢を見せつつも存在感が薄すぎちゃダメです。むずかしいですよね。

「なんか持ってる」と一目置かれる生き方は運を呼びます。もっといえば、「自分には運がある！」とマインドコントロールすると、より効果があります。

最近運が悪いというときは、
とにかくぎゅうぎゅうに
忙しくする

どんな人にも、運の悪い時期や、停滞する時期はあります。人生ですから、しょうがありません。

そんなときは、意図的にスケジュールを集中させてみましょう。運は、変化を起こすことでのみつかめると言いました。

つまり、忙しくすると運気は上がります。**意図的にとにかくスケジュールを入れ、新しい人に会い、仕事をつめこみましょう。**新しいことをはじめたり、なんでもいいです。

世の中に転がっているチャンスたちはつながっています。うまくいっているときは、いいことが連続します。忙しい人ほどいい仕事が集まります。モテるときほど一時期にきます。お金が入るときは、入ることが重なります。一気にくるものです。チャンスがチャンスを呼びます。このつながっているチャンスを手に入れるためには、変化しかありません。

運のよさを長続きさせるには、その都度全力を出し切る

逆に運がいいときは、それが当たり前となってしまい、そんなにありがたみを感じないかもしれません。「ちょっと休んでリラックスしよう」とか、「これは大仕事だから後回しにしとこう」などと思ってしまうこともあるでしょう。

でも、そうやってのんびりしている間に運は逃げてしまいます。

特に禁物なのは、「ここで全部力を出してしまうと、あとが困るかもしれない」と何かを取っておこうとすること。

ダメです。**その都度、出し切ってしまう人ほど運がよくなります。**次に生み出すことができるか不安になると思うけれど、保険を捨てて勝負に出るからこそ、次も運が回って来ます。絶好調のときほど、リスクは冒したほうがいいです。何もかもなくなった先に、またそれ以上のすばらしいものが入ってきます。

運の神様は、あまのじゃくです。しっかり準備して待っていると、逆に何にも来なかったりします。ラッキーがきたときは、そのつながる幸運を全力で受けとめ、来ないときは変化を起こす。覚えておきましょう。

CHAPTER

2

幸せな恋に落ちるには、自分の課題を解決する

メンヘラから学ぶ、「別れる」からの起死回生の策

「このままだと別れるかもしれない」という状況からの起死回生の策があると言ったら驚きますか？　**それは「もういい、別れる！」と言ってみることです。**

これは、メンヘラな人たちに学んだ方法ですが、でも、ただ言ってみるだけのそんな簡単なことではありません。うわべだけではいけません。覚悟を決めること。

もちろん、なかなか怖くて言えないですよね。そのとき、悲劇の主人公になった気持ちで、自分に酔って言ってくださって構いません。小悪魔な人たちは全員、みんなそうです。あなたの周りにも思い当たる人、いるんじゃないでしょうか？　悲劇のヒロインになったほうが勝てます、恋愛だけは。そうすれば、何かが動きます。たぶん戻ってきます。

そんな駆け引きは嫌だ！　と思う人は、恋愛をゲームととらえられていません。恋愛はゲームだと思ったほうがうまくいきます。**大好きになりすぎて、身動きがとれなくなる状態がいちばん幸せから遠くなります。**自分の恋を振り返ってみてください。ゲームみたいな距離感ですか？

その上で、「もういい、別れる！」です。「私、もう辛い。どうして気持ちをわかってくれないの？」と、ポーズではなく、本気で思える人はむちゃくちゃ強いです。

運命の相手がほしいなら、3人同時にアプローチしましょう

恋人がほしいなら、何人もの人に同時にアタックしたほうがうまくいきます。

普通に考えたら、全員にＯＫされたら困りますよね？　でも、そうしないと、つい本気になってしまうのです。恋愛はゲーム。恋に必要なのは余裕です。**相手に「誰かに取られたらどうしよう」と思わせることができなければ、恋は成就しません。**

そんなにモテないよ!!　と思うかもしれませんが、いいんです、あなたが勘違いすることが重要です。現実に関係なく私にモテ期がきたぞ、と思い込んでください。とりあえず3人、アタックすべき人をチョイスしてください。

何人もの人を同時に攻めてると、どうしても気分にムラが出ます。そのムラで相手の心を揺さぶれます。そこまでいけば安心です。

危機感というのは、無意識で感じます。それが何とも思ってない相手でもです。繋がっていた赤い糸が切れそうになってるイメージでしょうか。

何度も言いますが、必要なのは余裕です。好きな人がひとりでも、余裕を持てる人は必要ありませんが、数人いると、どんな人も自然と意識は分散します。「気になる」ぐらいの心理状態でデートをし、その中で自然とデートの回数が増えていく人が、つきあう運命の相手です。もう一度言います。アプローチは同時に。余裕を大切に。

いいなと思ったら、とりあえず
「気になるんだよね」と
言っておく

モテる人になってみたいなら、いいテクニックをご紹介します。それは、いいなと思う相手に「なんか最近、あなたのことが気になるんだよね」と言ってみること。**相手も十中八、九あなたのことを気になりだします。**

ポイントは、まだ本気じゃないときに言うことです。「いいな」と感じたら、モテる女になった気分で気軽に言ってください。本当に好きになったら、本音を伝えられなくなります。そうなる前に、相手の興味を引けるかが勝負です。本当に好きにならなくてもいいんです。恋愛は言葉に責任を持たないほどうまくいきます。

もっとも効果的なのは、初めて会ったときに言い切ることです。「あなたと結婚するって決めた！」もいいですね。まるで決定事項のように言い放つ。運命の人かもしれないと思ったら、試してみてください。繰り返しますが、言葉に責任を持つ必要はありません。出会ったときこそ、大チャンスです。

そして、大半の人が「ごめんなさい」と否定されるでしょう。もしくは（なんだ、こいつ…）と気持ち悪がられるでしょう。そりゃ、そうです。でもその後、つかず離れずでなんとなく連絡をとっておくと、必ず向こうは気になってきます。そうしておくと、相手は気が弱ったときに、必ずあなたに頼ってきます。

一方的にふっておくのもいいでしょう。「あんたはないから！」も同じ効果があります。このポイントは、絶対に中途半端にしないこと。その後諦めずに相手が弱ってあなたを頼ってくるのを、じっと待つことです。

甘え上手がいちばん得

上手に甘えること、できていますか？　世の中の大半の人は甘えられていません。甘えるよりも、困っている人を助けたいと思っている人のほうが、圧倒的に多いです。みんな必要とされたがっているからです。

大勢が、甘えてくれる人を求めています。「どうしたの？　何とかしてあげる」といいたいのです。反対に、甘えられる才能を持っている人は、とても少ないです。

人の好意を受け取ると、運気が上がります。好意は、与えるよりも、もらうほうが運がよくなるのです。でも、だいたいの人が素直に受け取りません。「私は甘えて生きていくぞ！」と決意をして生きていってください。

「コート掛けましょうか？」「席に座りませんか？」など、受け取らない理由はありません。人の好意を受け取ることは、慣れていないと難しいです。相手の好意をまずは受け取ってみる。それだけで、あなたは大きく変わります。

逆に「私は甘えられすぎる」人は、運気を吸われてます。多分、吸われるほどパワーがあり、度量や余裕があるんだと思います。でも、確実に蝕まれていますので、自分が少しでも重荷に感じたら、ちゃんと関係を切りましょう。

あなたの「ほめられ方」を持つ

ほめられたときに上手に返せる人は、愛されます。言葉には言霊が宿るため、「きれい」と言われていると、本当にきれいになってきます。運気を上げるためには、相手の言葉がもし胡散臭《うさんくさ》くても、まずは全力で乗る。これが大事です。

芸能人はほめられて当然みたいなところがあります。**でも、じつはこれ、何度も素直に受けとめているので、人気運がアップしているのです。**一般人でも、きれいな人はほめられ上手。死ぬほど言われてるだろうに「ありがとう」がうれしそうです。

もし、「ぜんぜんダメなんですよ」とすぐに謙遜してしまうクセがある人は、「うまい返し」を定型文として覚えておくのがいいでしょう。ほめられ上手になるためには、ぜひ「うまい返し」を持ちましょう。うまい返しで、よりほめ言葉が引き出せます。

たとえば、はにかみながらの「そうかなあ」。恐縮しながらの「努力してよかったー」。驚きながらの「えっ!?　……うれしいです」。これらの中から、キャラに合ったものを試してみてください。柔らかくても大丈夫。完全否定するのだけNGです。

返す言葉は、相手を観察しながら微調整しましょう。いつか「これが私のほめられ方だ」と必ずはまるときがきます。

モテたいなら「もうダメかも」を気軽に連発してください

中には信じられない人もいるかもしれませんが、「人格的にすばらしい人がモテるわけではない」というのが恋愛だということを、まずは受け入れることからモテ合戦は始まります。いますよね、なぜだか「そんな男、やめときなよ」といいたくなるのに、やたらモテる人。女性でもいますね。

モテる人は、これまでの「甘え上手」「ほめられ上手」の、よりレベルの高いバージョンです。これもある意味、運を味方につけていると言えます。

「人はだれかに必要とされたい」と心のどこかで思っています。「好き」とは、相手を救ってあげたくなることでふくらんでいく感情です。裏を返せば、ダメな部分を積極的に周りに出して救ってあげたいと思われれば、モテます。なぜだかモテる人は、これがものすごく上手です。

モテに必要なのは、ひとりじゃ生きていけないオーラです。最初は何も思っていない相手でも、心配になってくると、かわいく見えてきたり、好きになってしまいます。尽くすより、尽くさせるほうがいいのは、「必要とされたい」気持ちを満たしてあげているからです。

でも、わざと何かができないフリをする必要はありません。どんなに優秀な、ひとりで生きていける人でも（そして、たいていの人は、ひとりでもけっこう生きていけます）、財布を忘れてしまったり、スマホの画面が割れていたりすることはあるはずです。

プライベートでは、自分のそんなちょっとダメな部分を積極的に出しましょう。ちゃんと「私、ダメなんだよね」という自分のダメエピソードを喋ることができる人は、運をもらえます。こういうことをカッコ悪いと思う人もいるかもしれません。あるいは、がんばっている人も、ぜんぜん言っていません。

もし、急にできない人は、**とりあえず「もうダメかも」という言葉を気軽に連発してください**。人前で、です。

ちょっと失敗したときは、気軽に「もうダメかも」、使ってみてください。きっととりまく人が変わります。

大失恋のあとは
だいたいむちゃくちゃ
いいことがあります

運というのは、「すべて失くした。もうダメだ」というときにやってきます。

大失恋のあとは、「私って世界一不幸だ」と思いますよね。**どん底まで落ちて、心から味わって、「どうやって生きていけばいいかわからない」となって初めて神様は助けてくれます。**「この子、どうなっちゃうんだろう」という絶体絶命の状態を、神様は必ず見ていてくれています。だから、その後の恋はたいていうまくいくはず。

運とはプラスマイナスゼロ理論ではありますが、「これだけ不幸なんだから、宝くじを買ったらいいことがあるだろう」と思っても絶対に当たりません。そんなことすらも考えられないぐらいに「もうダメだ。死ぬ」と思った瞬間にびっくりするくらい運が動きます。イメージするなら、空から神様がひょいっと動かしてくれる感じです。

もし、これまでに心から辛い思いをしてきたのに、いいことなんてひとつもなかったと思っている人は、もう少しだけ待ってみませんか？　どんなにしんどくても、神様はあなたの元にいずれ訪れます。

じつは大失恋のあと、結婚の代わりに大きな仕事が舞い込むこともあります。昇進したり、ヘッドハンティングにあったり。逆に、大失恋ではなく、仕事で大失敗（クビや倒産なども含みます）した後は、恋愛面にいいことが現れる場合もあるでしょう。

自分自身の課題は、恋愛する相手に現れます

じつはみんな、「同じ星座の人」とばかりつきあっていることがあります。ウソ、と思った人、ぜひこれまでつきあった人の星座を振り返ってみてください。

または、お父さんやお母さんと同じ星座の人だったりします。

たとえば、自分が感情の使い方が下手だと、蟹座に惹かれます。蟹座は情の星座なので、人の気持ちにすごく敏感です。だから、感情をうまく使えなかったり、人の気持ちがわからなかったり、自分のやりたいことだけを冷静に貫くような人は、反対に蟹座に引き寄せられます。そう、基本的に「自分の問題点」をクリアしている人に惹かれるのです。

結局、恋愛を通して、人は自分の人生の課題を解決しています。結婚は「安定」を求めるので多くの人は似た人に吸い寄せられますが、恋愛は逆の場合が多いです。だから、恋愛から始まる結婚は、もしかしたら不幸かもしれません。ふたりの課題が解決できないまま結婚になるならまだしも（ケンカなどが多すぎて結婚する気にならないかもしれませんが）、課題が解決した瞬間にもう用なし、ということになるかもしれません。

もちろん、課題が解決しても、一緒に変化して添い遂げる人もいます。でも、一般的には似た人のほうがうまくいきます。出会ってすぐ結婚を意識するなら、似ている相手なので結婚してください。一緒にいて楽なので、長続きする人生になると思います。恋愛と結婚は別だというのは、こういうことです。

星座別まとめ

恋愛する相手が牡羊座

チャレンジ精神を持つように

牡羊座を好きになってしまう人は、チャレンジをしなければいけません。**もっと自分で道を切り開いていかないといけない。**今は誰かに頼るというよりも、自分の力で何とかしないといけないときです。アイデンティティーを確立できているか、考えさせられる時期です。人に頼って生きるだけでなく、自分の力で生きるエネルギーが必要です。リーダーシップを発揮する必要があることも表しています。

恋愛する相手が牡牛座

才能を活かしてない

あなたに必要なのは、持っている才能を活かすことです。才能をみんなに見せつけるようにならないといけません。**自分の能力を信じて行動し、そしてどうお金を稼ぐかまでつなげないといけません。**あとはどうにかなると思う気楽さ、マイペースさも大切です。何とか切り抜けることができますので、自分が持っている運のよさを信じる気持ちも大事にしましょう。

恋愛する相手が双子座

勉強してください

知識を増やしましょう。**学ばないとこれより上には進めません。**もっと本を読んだり、資格を取ったり、これに関しては○○さんだよね、と言われるようになってください。誰かの会話で話題に出るような人になりましょう。また、コミュニケーション力も磨いてください。双子座は知識とコミュニケーションの両方に優れている人たちです。トーク力、交渉力を高めたり、フレンドリーさも大切です。むすっとした態度を取ることをしないようにしたり、考えていることを顔に出さないようにすることも心掛けてください。また、**気軽に話せる人が必要なことも表しています。**人はひとりじゃ生きていけないことを学ぶことです。

恋愛する相手が蟹座

愛してください

人を愛する気持ちを学ぶ必要がありそうです。または、周りの人とうまくやることを考えたり、自分の味方になってくれる人を増やしたり、グループや集団で、もっとうまくやらないといけません。一家の大黒柱のような、自分のためではなく、家族やグループなどを守るような気持ちが大切です。

恋愛する相手が獅子座

自己表現をして、正当な評価をもらってください

自分自身がメインになったり、自信を持って自己表現をしていくことです。アピールする力やプレゼン力を高めなくてはいけません。**あなたにずばり必要なのは、自分自身が主役になる生き方をすることです。**前に出ること、目立つことを恐れないようにしましょう。周りから認められたい気持ちも高まっています。あるいは、人生で何をメインにするかを考えないといけないのかもしれません。

恋愛する相手が乙女座

感謝と自己犠牲をしてください

感謝の気持ち、自己犠牲の気持ちを持つことが大切です。気づかいや相手の気持ちを汲み取ることを考え、人に親切にし、**話すより、聞く力を磨いてください**。心を受けとめることを何より大切に、分析しすぎないことも大切です。

また、必要とされたい気持ちが強くなっています。あなたの生きる使命や役割を探せば、人生は輝きだすでしょう。何のために生きるのか、何をがんばるのかを考えましょう。自分がすることで、未来の何がよくなるのか、ちゃんと駆け引きをすることも大切です。

恋愛する相手が天秤座

誰とでも対等に渡り合える力とゆとりが足りません

ひとつのことにどっぷりハマるより、何もかもうまくやることを考えてください。好きなこと、ひとつのことに心を支配されないように。そして敵対心を持たないようにし、協調性を意識しましょう。**本音を見せすぎないようにします**。

1対1でつきあっていくことや、対等にやりとりすることを考えましょう。交渉力を身につけてください。相手をリスペクトする気持ちを持つことも大切です。

恋愛する相手が蠍座

本気になり、深く掘り下げてください

全力を出すこと、本気になれるものがあるかがテーマです。マニアックなことだったり、深くまで掘り下げて考えたりして、それらをしっかり身につけないといけません。**そして、人に愛されたり、周りと上手くやるためだったら、頑固さを捨てて、折れる気持ちを持つようにしましょう。**蠍座は愛の度量が深い星座です。人間関係では深く関われる人をつくることが大切。人にどうやったら愛されるかを考えてみましょう。

恋愛する相手が射手座

上昇志向を持ってください

もっと上を目指したり、上昇志向を持ってください。指導者のような立場になるべきです。そのためには、精神的に強くなる必要があります。**人に教えられるものを身につけてください。**

あるいは、今とは違う環境で勝負するべきなのではと考えてみてください。

夢や理想を追って生きていく必要があります。精神的な成長が必要だというメッセージでもあります。

恋愛する相手が山羊座

あえて苦しいことをしてください

出世を意識したりするなど、社会的な成功を考えることが大切です。また、仕事で結果を出すことを第一にしましょう。または、自分の成長のために、今はあえて苦しい方向に進んだり、苦労をすることが大切なのかもしれません。**いろいろなことを我慢したことが後々プラスになるので、今苦労しておきましょう。**厳しい道に進むことが正解です。または許すという気持ちを持つこともテーマです。

恋愛する相手が水瓶座

個性を出して、博愛精神を持ちましょう

ひとりだけを好きにならず、もっと大きな愛情を持ちましょう。みんなで幸せになる方法を探してください。公平さを大切にしましょう。

「私が」はいったん保留にし、客観性を持つことが何より大切です。今までとは違った分野の人とつきあい、知り合いを増やして人脈を活かす生き方をしないといけません。自分が他の人と何が違って、どこが優れているのかを明確に見せられるようになるべきです。**そして、何よりも予想外のこと、ありえないことも起こることを受け入れましょう。**最先端の物を取り入れ、時代の流れについていかないといけない表れでもあります。

恋愛する相手が魚座

甘えてください

甘えること、頼ることがとても大切です。弱さを見せ、計算してください。もしくは、逆に利益を考えずに、ひたすら人のために生きることを信じるのもありです。**自分の強運さを信じ、現実的な考えがすべてではないと思うことが重要です。**この世界で起こる奇跡を信じてください。

また、人には言えない秘密を抱えるなど隠しごとをしてください。縁を切らなければいけない人たちとの、別れを決意することも大切です。そして、新しい人たちとどんどん繋がっていかなければなりません。

怒ることで幸せがつかめます

人生では、怒らなければならないときがあります。でも、怒っているシーンを他人に見せたら損だとほとんどの人が思っているのではないでしょうか。嫌われたくないですしね。**しかし、逆に怒るシーンを人前で見せられるという人は、誰にも負けない物を持っているという自信の表れでもあります。**

怒れない人は、変化を怖がる人です。つまり、大事なところで勝負をしていないということになります。

自分の中で理由がわからずにイライラすることはありませんか？　それは、自分の第六感が何かを感じ取っているからです。何かおかしいと思い、それにもうあなたの心は怒っています。

「やるしかねえ！」と、怒りのスイッチを入れないといけないときがあります。ちゃんと怒らないと運が動いていきません。**怒りを感じたときは、勝負どころです。**

人生には、勝負をしなければいけないときがあるのです。

これは「怒りっぽい」とは違います。小さな気に入らないことをいちいち怒るのは、こちらも疲れるし、ただの面倒な人と思われるだけ。「これはまあ、別に怒らなくてもいいや」という程度なら怒らない。そうやって、手を抜けるものは抜いて、本気の怒りを見極めてください。**自分の尊厳を傷つけられたような、いてもたってもいられない怒り**。大事な局面でこそ、人間はようやく生存本能が働きます。「この危機的状況から、どうやってうまくやっていこう」と、本気で考えることでようやくチャンスにスイッチが入るんです。

ちゃんと、こういう心の底からの怒りの声を見極めて、変化に活かせるかです。

もし一度でも逃げなかったら、自信がつき、運が変わっていきます。「こういうときは怒ったほうがいいんだ!」ということがわかるし、ちょっとステージが上がります。そうすると、ますますうまくやっていけるようになります。

日常のちょっとしたことに「媚び」が入っていたらしんどい

だれかに認めてほしい。まさに現代病です。人は、どこかでこういう気持ちからは逃れられません。そして、SNS疲れはこの一種です。

もし、あなたが「いいね！」を、本当に「いいね！」と思ったとき以外に押しているなら、いますぐ「やめちまえ！」です。まったく意味のない行動です。相手に気を使っている時間があるんだったら、自分の好きなことに熱中する時間をつくってください。そうやって、魅力ある自分をつくりあげていくほうが何倍も有意義です。

媚びなきゃいけない環境には、運がありません。自分の居場所ではないのです。そんなちょっとしたこと、と思うかもしれません。でも、日常のちょっとしたことに、媚びが入り込んでいるなら、気づかないうちに、とても疲れるに決まっています。**媚びている＝うまくやれていないということです。**ぜひさっさとその場を変えて、違うところで生きることをおすすめします。もし、学校や職場で人間関係から逃げようがなく「そりゃあ、私だって媚びたくはないけど」みたいなときは、逆に開き直って勝負するしかないのでがんばってください。

媚びなきゃいけないならば、足りないことを補う武器をつくらなければいけません。**媚びてる自分を自覚したということは、その合図です。**

ドキドキすることはやめる

緊張感が走ったときはいったんやめておきましょう。

たとえば、おつきあいしたい人がいるとき。「どうしよう。電話してみようかな？ でも、出なかったらどうしよう。忙しいかな？」とドキドキするような相手なら、早めに諦めたほうがいいです。

何かをしようとしたときに緊張感が走ったら、いったんやめておきましょう。この感覚を覚えたら、判断がしやすくなりますし、うまくいかなかったときも落ち込み過ぎずにすみます。ライフハックです。

これは、すでにうまくいかないことがわかっているということです。うまくいくときは、もっと自然です。

仕事でも同じです。もちろん謝罪などは別ですが、頼み事などで電話をかけるときに、ドキドキしたらやめたほうがいい合図。初対面の相手に何かを頼むときは緊張するものですが、それがワクワクするならOKです。

ドキドキするということは、主導権を握っていないということです。

主導権を握れる相手に魅力を感じない人は、恋愛以外に刺激的なことがない

さきほどの緊張感の話で言うと、恋人には、文句が言える人や言いたいことが気兼ねなく言える人が一番です。でも、それに気がつかず、まだ相手のことをよく知らないうちに「顔がタイプじゃない」などと、第一印象でやめちゃうのはとてももったいない。一緒に時間を過ごしているうちに、相性のよさに気づくことはよくあります。

私は、恋愛には「主導権を握れる人」を心からおすすめします。

しかし、主導権を握れる相手に魅力を感じない人がいます。そういう人は、恋愛以外にドキドキがなく、刺激のない人生を送っているのかもしれません。**だから、恋愛に不幸なことなど、ドラマチックなものを全部求めてしまいがちです。**それはすごくもったいないことです。恋愛は、幸せになることを目指してほしいです。

そんな恋愛をやめたい人は、仕事や趣味を一生懸命すれば、恋愛は安定します。結婚したいんだったら、恋愛以外にドラマチックなことを求めましょう。

最後に、意中の人との約束を確実に取りつける裏技を。「今夜、ご飯行こうよ」と「今すぐの予定」を聞きましょう。相手に冷静な時間を与えてはダメです。気楽に誘って、主導権を握ってください！　すでに予定があることもあるので、一度や二度断られてもへこたれないで。緊張しないと、きっとふたりも結ばれるはずです。

あなたがたれ眉じゃなくても

あなたは第一印象がいいほうですか？　変化することで運がよくなりますが、たくさんの人とつきあいがある人のほうが、もちろん変化は多いです。だから、一般的に感じがよくて人づきあいが上手な人のほうが運がいいです。

じつはそれに加えて困り顔も上手にできる人は、もっと運が舞い込みます。

たれ眉の人には、自然といいオファーがきます。たれ眉、つまり困り顔です。たれ眉って、なんだか可愛いですよね。自然と助けてあげたくなります。たれ眉の人は、まったく困っていないときにも、周りが勝手に心配してくれます。仮にキツイ発言が多かったり、毒舌であっても嫌われません。なぜか許されてしまいます。有名人でも、毒舌キャラの人はたいてい、たれ眉、困り顔です。普通だと、嫌われてしまうのになぜかほうっておけない気持ちにさせ、愛され、人も仕事も集まってきます。

あなたがたれ眉じゃなくても、いかに心配させる顔か？　これが人生のチャンスをつかむひとつの方法です。さきほども言いましたが、運のためには、だれかをおしつけがましくなく心配させる力があるのも、立派なスキルなのです。

いつも感じがいい顔をして、困ったときは、遠慮なく困り顔をしましょう。怖かったり、悩んだりの顔ではありません。困り顔、鏡を見て練習しておきましょう！

モテたいなら何をしてみるか

意中の彼を振り向かせたい。ちょっと素敵な何人かにモテたい。何でもいいから大勢にモテたい。

あなたがどうモテたいかわかりませんが、モテたい、という悩みもよく寄せられます。人にはさまざまな魅力があるので、一概に何をすればモテるか断言はしづらいのですが、行きついた方法はふたつあります。

それは、

①自分の中の女性らしい魅力を出すこと

②自分の持って生まれた性格をより強くすること

このふたつのどちらかの方向を強化してみましょう。

いちばんてっとり早いのは、眉の形を整えることです。**性格は、眉毛に出ます。**

もっといえば、眉毛の形を変えれば、その性格を変える可能性すらあります。性格が変われば、その後の人生も変わります。特に女性は、メイクである程度眉を変えられるので、モテたいなら、このどちらかをしてみましょう。

眉毛は時代の影響も確実に受けます。安室奈美恵さんが全盛期の時代は、細い眉が流行っていましたよね。世の中に鋭い意見や信念、はっきりとした意志が求められていた時代です。

一方で、現在は太眉ブームです。SNSなどの普及で人間関係が希薄になっているから、深い愛情は持っていたいという深層心理の表れだと考えられます。

モテるために眉毛の形を整えて、運気をコントロールするのが①。でも、持って生まれた眉毛は、自分の潜在的な性格でもあります。**運命通りに生きると決めることで、大きな運を呼び込むのが②です。**詳しい方法は次の項目でお伝えします。

できるなら、ぜひ両方とも気軽に試してみてください。なぜなら、どちらが自分にとって必要なのかが開運の重要なポイントになるからです。もし、自分が出すぎていてモテを逃しているなら、眉毛を変えることで変化が訪れることもあるだろうし、相手に合わせすぎているなら、自分の運命をはっきり主張したほうがいい場合もあります。ぜひ、気軽に両方試してみてください。

モテたいなら眉と眉の間の毛を抜く

では、眉を変えてモテるやり方です。

私がいちばんおすすめするのは、眉と眉の間の毛を抜いて、広めにすることです。あるいは、眉を描くときに、眉がしらにしっかり色をつけずに、眉を描いていくこと。つまり、眉間を広くします。眉と眉の間の幅が広いと、よい運気が入ってきます。女優でいえば、石原さとみさんや綾瀬はるかさんです。**眉間が広いと、物事を受け入れる度量が大きいと言われ、成功をつかみやすいのです。**

さきほどのたれ眉もいいでしょう。眉を下げ気味に描いて、下げ眉を描くのもおすすめです。

これが一般的なモテ眉です。

ただ、眉の形には意味があるので、眉が示す通りの生き方をしたほうが正解で、大成することもあります。あなたが「自分を変えるのはイヤだ。自分の性格を突き詰めたい」というなら、もちろん大賛成です。でも、ちょっと変えてみるのも、新しい自分を発見できて、人生が変わるかもしれない。判断はお任せします。

自分の運命を活かしてモテる

こちらは、自分の眉を活かす方法です。これはとても簡単で、自分の眉そのものの形をしっかりと描くだけ。生えている範囲に色をつけるように描けばOKです。

あなたの眉はどんな形をしていますか？

たとえば、「天才」も眉毛で見分けることができます。

注目するのは眉尻です。ビートたけしさんや明石家さんまさん、田中角栄さんなど、**眉尻が尖って三角のような形をしていませんか？**　漫画のおぼっちゃまくんも三角ではないですが尖って見えます。これは奇想天外な発想力と行動力の表れです。**これが天才眉です。**　もしあなたが天才肌になりたい場合、眉尻が太く見えるようにしてみるのも効果大です。樹木希林さんも太いです。

一攫千金をつかみたがるような目の前の利益を欲する人は、眉間が狭いことが多いです。もちろん、悪い点とよい点はセットで、情熱的になって大きな山を当てようと思っているならこのほうがいいでしょう。こちカメの両津勘吉さんは眉間が狭い、というか眉毛が繋がってますよね。眉間が狭い人は情熱的なので、義理人情も厚いです。

眉が細いと自分の信念を貫くタイプ。自分の意見を通せますが、攻撃的なタイプが多いです。

眉全体が長い人は、空気を読みすぎたり、受け身すぎるタイプが多いでしょう。

ここで、自分の眉が悪いなと思っても気にしないでください。それはそれで、魅力的なんです。**いい点より、悪い点のほうが異性にウケがいいと私は思っています。**

ちなみに、もし自分がいつもくよくよしてると思ったら、眉毛をちょっと細く整えて攻撃的な一面を持たせたり、寂しいなと思ったら、濃いめに眉毛を書き足してみたり、モテと関係なく眉を楽しんでもいいでしょう。抜いたり、剃ったりしすぎると、二度と生えてこなくなっちゃうので、そこだけ注意してくださいね！

おでこを出すと仕事がうまくいく

あなたは前髪をつくっていますか？
それとも、前髪がありませんか？
おしゃれだけでなく、前髪のあるなしは、開運につながります。
でも、ここでは選択をしなければなりません。
今は、仕事をする時期なのか、結婚をする時期なのか。どちらかしかとれません。
悩ましいですね。

おでこは顔相的には、社会や仕事運を司ります。つまり、ここを出すとバリバリ有能に働けます。前髪なしで左右に分けておでこを出している人は、仕事運にとってすばらしくいいことです。仕事の運気をよくしたいなら、おでこを見せましょう。そして結婚したいなら、前髪をつくっておでこを隠してください。

結婚したいなら、前髪をつくろう

「前髪つくったら、結婚できるよ」とアドバイスしたら、結婚が決まった人が私の周りにたくさんいます。おでこは仕事運を表し、眉毛はコミュニケーションを表しますが、これらを隠すことで、我の強さが隠れて結婚できるようになるのです。前髪は、我を隠してくれます。

もちろん、ありのままのあなたを好きになってもらうと結婚はうまくいきます。**ただ、結婚するときは、あまりにも自分のこだわりが強すぎるよりも、相手に合わせてみてもいいかもしれませんよ。**

ちなみに、これはいわゆる普通の前髪です。パッツンだったり、短すぎたり、目を隠すくらいギリギリなど、個性的すぎるとミステリアスになって逆効果です。

余談ですが、前髪のある男子も増えましたね。我のない雰囲気が、今は男もモテる時代なんでしょうね。

ほしいのは、持続する愛

あなたの好きな人は、あなたに似てますか？

夫婦は、いつも一緒に生活していると、顔も似てくるとよく言われますね。「でも、それって元から似てなかった？」と思います。似ていると自然と惹かれ合うからです。似ている相手が結婚相手には最適です。輪郭や骨格、体型はそんなに気にしなくて構いません。注目するべきはパーツです。目や鼻や口、髪質などです。これらの**パーツが似ていると、持続する愛になります**。

じつは、大恋愛する相手は、パーツは正反対のことが多いです。ケンカするから燃え上がります。何かしら事件を求めているから、正反対の相手を選ぶのかもしれません。ただ、刺激とドラマに満ち溢れても、結婚に繋がるのはなかなか難しいです。

顔のパーツが似てると思ったら、「この人は落とせるかも？」と思っていいです。

結婚して一緒に暮らしても、楽なのがこの相手。自分を見ているようなところがあるから安心するのでしょう。ちなみに友だちも、顔のパーツが似ていると長続きします。

結婚当初、夫が太っていて、妻が痩せていたのにどんどん妻が太って夫に似てくる場合があったとします。それは、妻のほうがもう離れられなくなっています。**つまり、寄せていったほうの愛が強いんです。**依存度が高いといってもいいでしょう。どちらがどちらに似てきたかに注目することで、夫婦の関係がわかるのもおもしろいです。

お花を買って南東に飾ると、
気になるあの人から
連絡がきます

花は、女性器の象徴であり、心理学的に性を表すイメージがあります。咲いたり、しおれたり、花の一生は生命を表します。いつか終わる、永久ではない儚《はかな》さが生花にはあって、それこそがエネルギーです。それに、きれいに咲いて枯れるまでを身をもって見せてくれる花は、人生の短さも感じさせてくれます。**花を飾って楽しむことは、人生の短さを実感させ、変化へのモチベーションを高めます。**

また、悪い運気を吸ってくれるから、早く枯れてしまう場合もあります。花に感謝して、悪い運気を吸ってもらいましょう。

こだわるなら、白い花を「北」から買うのがいいでしょう。白くて大きな花がいいです。「北」の方位は性や恋愛を表します。また、北の運気を高める色は白です。花に限らず、白いものを北から持ってくると、人間関係がうまくいきます。出会いも増えます。

さらにその花を東に置くと、行動的になり積極性が出ます。とまっていた恋愛も動き出します。ちなみに、南東に置くと、結婚運が高まります。結婚運を高めたい人はこちらに飾ってください。色、持ってくる方位、置く位置。この3つのパワーを使ってみてください。

情を捨てれば、世界が広がる

最大の開運法は「情を捨てる」ことです。人生にとっていちばん大切なのは、どうやって自分の世界を広げるかです。世界が広がると、変化が起こり、運がよくなります。

でも、世界が広がる瞬間は輝かしいものではありません。必ず「孤独」を感じます。世界を広げることは、慣れ親しんだ今の世界にはいられなくなることです。

特に、「私の気持ちを理解してくれない」と今いちばん近くにいる恋人や友人、仲間たちに思ったなら、その「情」は思い切って捨てましょう。**関係性を断ち切ることが必要な時期です。**

仲間は大事です。でも、仲間に縛られることは、自分の可能性を見失ってしまうことでもあります。10代だったらありなのかもしれませんが、人生の時間はとても短いです。みんなで遊んで仲良しごっこをしていたら、あっという間に時間がなくなってしまいます。

とても楽しい仲間たちとの時間のあとに、よくターニングポイントはやってきます。でも覚悟を決めて捨てなきゃいけないときがあります。どんなに仲が良くても、あなたにとってその場はもう可能性がない場所だということがあります。

その場にいる人を大事にしすぎないこと。あくまでも、人生の主役はあなたです。あなたは世界を広げて、運をよくしましょう。もちろん、今いる場所が自分にとって完全にプラスになっていると胸を張って言えるなら、そこはまだあなたにとって必要な場所です。自分がグループのトップだったり、心からやりたいことができていたりするのは素晴らしいことです。でも、このグループが足かせになっていないかは、いちいちチェックしてみてください。時間は過ぎるものです。

慣れ親しんだグループからきれいさっぱりひとりになり、孤独を感じたあと、また新しい、刺激的であなたに運と成長しかもたらさないグループが、またできます。

ちなみに一度に属するグループは4つぐらいあるほうが、より世界が広がります。小さくてもOKです。

飲み会をするグループ、習い事をするグループ、仕事関係のグループ、そして家族など。もしきちんとコミットできるなら、それ以上あってもすばらしいです。

CHAPTER 3

人の力で
どうにもならない世界
をちょっとのぞく

人間よりも大きな存在を信じる

とてもシンプルですが、これは本当です。神様のような、大いなるものの存在を信じている人ほど、うまくいきます。これまで占ってきた大企業の社長やお金をしっかり稼いでる人は、たいてい神社や寺、教会などへお参りに行っています。家に神棚をつくったりもしています。

人間はどこかで「神」という存在を感じてないと生きていけないDNAがあると思います。**信じるものがあると、挑戦できます。**これは「ご先祖さまが守ってくれているから大丈夫」という気持ちと同じです。

人間以外の何かに感謝する気持ちもとても大切です。自分がこの世でいちばん偉いとは思わない心も、生きていく上で必要です。神様を感じると、汚い心が浄化され、人間性や精神性が上がります。目に見えない何かが存在し、我々を動かしているのではないかと思うことで、努力だけではどうにもならない世界があるんだと納得できるのも、私たちにとっていいことなのだと思います。

昔の人ほど、天の計らいを信じていました。戦国武将でも、「天に愛されてるかどうか」をよく気にしていました。スポーツ界のスター選手が「今日は運がよかったです」、「今日は運が悪かったですね」とコメントするのもよく見ます。トップを取る人たちは、勝敗が運にも左右されることを知っているからでしょう。それを形にするには「神」という言葉がいちばんすんなりくるのかもしれません。

実際、数年前まで神様を信じていなかったという人が神社やパワースポットに行き始めたら、いろいろな仕事が決まるということはよくあります。神様を信じるか信じないかでいえば、信じたほうが確実に得です。

神様は必ず見ている

一生懸命やっているのに、何も報われなかったとき、世界に自分がひとりぼっちだと思ったことはありませんか？

でも、必ず神様は見ています。「そこで運を使うな！」と言っているだけなのです。だから、自暴自棄にならないでください。**不平不満や人への批判はガンガン口に出していいです。**そして、がんばって耐えてください。

持続したいものがある人は幸せです。一生懸命何かを突き詰めているだけで、人生にはありえないことが起こります。神様は、そういう人が大好きです。

「認められない」という悔しさは、幸運へのエネルギー源です。

引っ張ったゴムが反動でよく飛ぶように、引っ張られる時期が長いほど、運は強くなります。それを途中で使ってしまうと、飛べる距離が弱くなって、結局損です。だから、絶望的な悔しさを感じれば感じるほどいい。絶望すればするほど、跳ね返ってくる運は強くなります。あなたが最高に認められるステージが未来に用意されています。ちなみに、神様にちょっと合図を送りたいときは、服の肘のあたりを自分で引っ張ってみてください。運が高まります。嘘みたいな本当の話です。ここぞというときにぜひ試してみてください。

そもそも パワースポットって何？

そもそも、パワースポットって何でしょうか?

パワースポットとは、その場所にいるだけで運気が高まる場所。神社などや壮大な自然の場所などがよくそう言われます。

しかし、大切なのは、山! 山こそがパワーの源。すべての運気は山からきます。気が流れる道を「龍脈《りゅうみゃく》」といい、その終着地点を「龍穴《りゅうけつ》」といいます。気は水が運びます。龍穴に住めると一族が繁栄すると言われています。

現代では、自然の山だけでなく、ビル群も「山」として考えます。そして、道を川とみなします。いちばん太い気は富士山から流れ、その気が龍脈を通り、龍穴にあるのが皇居（江戸城）です。

富士山がいちばん太いですが、他の山からも気が流れます。だから、ぜひ大本の「山」に行ってください。

川や湖、海は気が流れて行った先なので、そこでも運気のキャッチはできますが、山のパワーにはかないません。特にベストなのが、山があって川があり、風が吹いて空気がきれいな場所です。ちなみに、とても人気があって雰囲気がすごくいい神社でも、政治的につくられたところなどはパワーが弱いです。

自分の家から行きにくい場所だとさらにご利益がある

そして、強いパワースポットをもうひとつつけ足すなら、行きづらい場所にあるほうが、さらにパワーが上がります。今自分が住んでいる場所から、遠ければ遠いほどいいでしょう。**そこに、必ず自分の自腹で行ってください。**誰でもすんなり行けたり、身銭を切らないようなところはパワースポットではありません。たとえば、群馬県高崎市にある榛名《はるな》神社はすごいですよ。岩に囲まれたところにある神社なのですが、すてきな神秘的な場所です。

また、田舎に住んでいる人のパワースポットは、じつは都会です。元々、山があって、川があって、空気がきれいな場所に住んでいる人は、東京などの都会へ出てきて刺激を受けると運が上がります。元々、いい「気」を持っていて純粋だから、むしろ毒を吸わないといけません。現在都会に住んでいて、田舎のある人は、実家に帰省することも浄化になります。田舎があって都会に住んでいる人は、実家もパワースポットです。

財運は水と道に宿る

山がパワーの源で、そこから運を運んでくるのが風と水です。水は、風水では「金運」を司ります。

皇居（江戸城）は「龍穴」とも呼ばれています。ここに、風水の知識を結集して、気がたくさんくるように設計されました。大きなホテルや、昔の日本家屋にも水が張り巡らされています。これは「財運は水の気にとどまる」と言われているため。「水が動く」ことによって「財が動く」というのが風水の考え方です。

そして、金運を運ぶために、水は動いていなければだめです。昔は、川の流れに乗って物が運ばれ、川こそが富の流れを象徴していました。今は、川に加えて道路もその役割をしています。人通りが多いとお店にもお客さんが入ってきて繁盛しますよね。

水が流れている場所や大きな道路がある場所は金運をよくします。覚えておきましょう。

前世の記憶は手に宿る

あなたの前世はなんでしょうか？　前世の名残は、手に残っていると考えます。**生まれる前にあなたがすでに持っていたパワーを、現世でも素直に使っている人ほど、能力が高いです。**前世に近い職業に就いていると、生きやすい場合が多いです。すでに手に技術が宿っているのですから。

たとえば、指がスラッと長い人。つけ根から先端へ向かうほど細くなり、肉づきがなく、さっぱりしている手のことを、「月の手」と呼びます。

こういう手をしている人は、調和や協力に優れている人たちです。先生や医療関係者、商店の経営など、人の集団の下支えになっていました。特に指が長い人たちは、法律をつくったり、政治に関わりがあったりと集団が関係する要職で活躍していた人でしょう。

反対に指が太くて短く、肉づきのある「金星の手」。

特に四角い感じの手は、毎日のルーティンを大切にし、1日1日ていねいに暮らすことに喜びを見出すタイプです。飲食系の仕事や職人など、日々の生活に重要になってくる商売をしていた人が多いでしょう。または、お金になる・ならないに関係なく、自分の趣味を仕事にしています。

指の関節が際立っているのが「火星の手」。こちらはズバリ学者や芸術家タイプで、いろいろと掘り下げて研究をしていた人です。人の好き嫌いも激しく、一匹狼のようなところがありますが、カリスマだった可能性も高いです。マニアックな知識を持っていたのがこのタイプ。

前世と現世でまったく違う職業でも、前世の力と関連させればチャンスを得られる場合があります。

お風呂でいい情報をキャッチする

お風呂は汚れを洗い流すところ。ここは、陰の気も落とせる場所です。掃除してきれいにしておくと幸運が入るのは風水の基本ですが、明るい色のバスグッズを置いたり、長寿を表すへちまで身体を洗ったりすると、パワースポットに変わります。

バスルームは精神も解放されるので、ここをパワースポット化すると、「アカシックレコード（宇宙に存在する記録層）」にアクセスしやすくなります。お風呂で、宇宙というクラウドにある情報を地上から検索しているようなイメージです。お風呂で、「あー、疲れた」などと言っているときは、我慢していることが発散され、心身ともにリラックスした状態です。そうなると、宇宙のいろいろなメッセージをキャッチできます。自分の深層心理も受け取ることができます。自分の精神をのびのびとリラックスさせることで、いろんな声が聞けるようになるのです。

ただ、この情報はよく忘れます。すぐにメモができるように脱衣所にペンと紙を置いたり、携帯電話のボイス機能に残すようにしましょう。

ちなみにお風呂で「ひとりごと」も最高にいいです。**お風呂でひとりごとを言っていると、これがその日一日のストレス発散になり、陰の気も流れていきます。**体と一緒に、心も洗いましょう。

神様がチラ見せしている
チャンスを
ちゃんとキャッチしよう

「あのときのアレってサインだったんだ！」みたいな経験はありませんか？

たとえば、ふと道を歩いているときに、通りかかった人が赤い印象的なワンピースを着ていて、その後仕事でその赤をモチーフにした商品をつくったらヒットしたり。

ほかにも、夢に、小学校のころ大して仲良くなかった「あやこちゃん」が出てきたとします。「なんでだろう？」と思ったその日に、あやこちゃんという名前の人に会い、すごく仲良くなったり。

神様は、ちら見せします。ストレートではないけれど、イメージでチャンスを与えてくれます。そのときに気がつける人だけが、すごい発想が浮かんで、世の中で爆発的なヒットする物を生み出せるんだと思います。ですから、**何か印象に残ることがあったら大切にしてください**。普段の生活の中には、神様からのヒントがたくさん転がっています。

ぜひ、外部のことに耳を澄ましてください。特に、調子がよくて毎日が楽しいと思ってるときは、いろいろなものが繋がっていきます。ちなみに何かある前日に教えてくれていることが多いです。これを知っていると、運をたくさんつかめます。

自分だけの精神的な神様を部屋に持ちましょう

自分だけの神様を持っている人は強いです。ぜひ、部屋に神棚をつくってみましょう。本格的な神棚も売っていますが、ぜんぜんちゃんとしている必要はないです。お札や熊手があれば、それでできちゃいます。

まず、部屋の中に置くところを決めましょう。神棚は、家につき1か所にしましょう。パワーが集中します。ただ、例外があって、玄関にもつくる場合は、2か所にしてもOKです。

神棚って、お供えや、毎日あいさつしたり、水やお供えなど面倒くさそう、という声が聞こえてきそうです。いえいえ、これら全部必要ありません。気がついたときに、ホコリをとるくらいで大丈夫です。もちろん、できる方はこまめにするのももちろんいいですが、神棚の効能は、あると自分がスッキリする、というのが大切です。困ったときやお願いしたいときに、気軽に頼れるものがあると心の支えになりませんか？

神棚はちょっと高めの位置につくるのがいいでしょう。棚の上などに気軽につくってください。電化製品の近くでも全然OKです。特に金運をアップしたければ、西側につくりましょう。

「龍」を感じることができれば、自然と運が集まります

最近流行になっている龍ですが、龍はとても古い存在で、いろいろな占い以前にすでに存在していました。世界中の神話や空想上のものとしてたくさん出てきており、人間は龍に惹かれる何かを根源的に持っているようです。

昔から龍の存在を感じると、幸運が訪れると言われています。中華料理店でも、よく龍が飾られていますね。世界中、どこにでも龍伝説があります。**大いなるもの、天からくるもの、幸運を運ぶものです。**

ちなみに戦国武将たちは、自分の城にかかる雲の形で命運を占っていたと言われています。そのとき、特に龍を見つけるとラッキーだったそうです。ぜひ空を見上げて、龍の形の雲を見つけてみましょう。見つかったら写メを撮って待ち受けなどにしてみてください。天からのメッセージかもしれませんよ。

龍を探すのは、雲以外でも幸運をもたらします。あるお店でセージ（邪気を払ったりなど浄化の作用があるハーブ）を焚いていたら、その煙が龍の形に見えたことがありまし

た。そうしたら、その後、すぐにお店の電話が鳴りやまなくなり、繁盛したそうです。

何気なく見つけた木のふしや立ち並ぶビルなどの影でもいいのです。「どこかに龍はいないかな？」と龍探しをすることで、幸運体質になっていきます。

ただ、絵に描かれたり刺繍された龍や置物ではなく、「あれ？　龍かな？」と「偶然に見る」というのが大事です。運は目に見えないものだから、運の到来を感じられるのが最高です。ただ、偶然通りかかった人のスカジャンに龍がちらっと見えた！とかならそれは幸運かもしれません（笑）。板の間や壁に「あれ、なんだか龍に見えない？」という模様がある家はとてもついています。

ちなみに、名前に龍が入っている人は、強運というか、悪運が強い人が多いですね。この世の生き物じゃない龍の名を常に背負っているから、浮世離れした生き方になってしまいます。子どもにもしも「龍」という字をつけるつもりならば、ちょっと考える必要があります。いい意味でも悪い意味でも、運が強すぎるかもしれないですよ。

日頃から龍を探すことはとても大事。龍に自然と出会うことができたら、きっと嬉しいことが起きますから。龍を感じるクセをつけましょう。

もし龍の置物を置くなら、いつも自分がいるところから見て、東側に置きましょう。「青龍」と言われ、龍の住み心地がいい方位です。また、龍が居心地がいいように、なるべく物がないほうがいいです。リビングなど、何気なく目に入るところに置くことで龍をイメージしやすくなり、偶然の龍を探しやすくなります。

ちなみにフクロウの置物を玄関に置いておくと、先を見通す目を持てますよ。玄関に置けない場合は家の中心からみて、南側に置くとよいでしょう。

パワーストーンって
そもそも何？

パワーストーンとは、特別な力が宿っており、身に着けると運をつれてくるとされる石のことです。

パワーストーンは、元々は地中の鉱石や、宇宙にあった隕石です。天から注がれる運気を、大地の中で吸収し、エネルギーを溜めていると考えてください。天から降り注ぐ運気は特別なエネルギーなので、この石を持つと、現状とは違った流れ「変化」を持ってくると思ってください。

そして、石の効力は一回きりです。その効力を一度発揮したらお役御免です。役目は終わっているので、流れが変わったら、二度と使わないほうがいいでしょう。もしくは、割れたりして身代わりになってくれることもあります。もちろんグレードが高いほうが効果があります。

より力を高めたいなら、普段は左手につけて、ここぞというときに右手につけ変えましょう。気は左手から入ってきて右手から出ていくという考え方があるので、普段は左手にして気を溜めます。気は腕から入ってくるので、ネックレスやピアスよりブレスレットのほうがパワーをダイレクトにもらえます。ちなみに、運が上がると、パワーストーンのことなんて忘れます。運がいいときは、それが正解です。

パワーストーンの効果いろいろ

ルチルクォーツ	金運
タイガーアイ	仕事運
ロードクロサイト（インカローズ）	結婚運
ムーンストーン	人間関係運、感情の乱れを抑える
ローズクオーツ	恋愛運
アクアマリン	繋がりや縁、絆運
ペリドッド	自信をつけたい人
カーネリアン	やる気、行動力、モチベーションアップ

※パワーストーンは産地によってネーミングが変わる場合があります。

大きな木に出会ったら、
自然のエネルギーをチャージ

パワーに満ちあふれた森や林、神社へ行くと大きな木や「御神木」があります。生命力を感じる木から、ぜひパワーをチャージしましょう。

まず、最初に覚えておいてもらいたいのは、「直接触らない」ということです。ちょっと距離を空けるといいでしょう。5センチぐらい、自分の体と木の間を空けておきましょう。

木の波動と自分の波動が、目に見えない空間の中で交じわっているイメージをしましょう。気はこうやって交流させます。

触ってしまうと、物体と物体の接触になってしまうので、感覚が鋭くなりません。何かを感じ取ろう、エネルギーを入れようという繊細な気持ちが生まれないのです。触りたいけど、触れないくらいのほうがパワーが大きくなります。

自然や生き物のエネルギーを取り入れると、運は高まります。人間同士も触るか、触ってないかぐらいのときにくすぐったいような変な感覚がありますよね。あれと同じです。**人間以外の生き物を感じることは、それだけで開運します。**

神様には、お願いを細かく言わないほうがいい

神社やパワースポットなどに行ったとき、神様にどうお願いをしていますか？

実は、お願いは細かく言わないほうがいいです。思いが重くなりすぎると、神様がプレッシャーを感じてしまい、後回しにされてしまいます。人間も一緒ですよね。大仕事は後回しにしがちなのです。

だから、「何かあったらよろしく！」くらいに軽やかにお願いするようにしてください。「仕事ください！」「いい人できたらいいな！」ぐらいにライトな気持ちでお参りするほど、早く引き合わせてくれます。

特に気をつけたいのは、個人名や固有名詞を出さないこと。具体的に言えば言うほど、重くなります。うまくいくはずのこともいかなくなってしまう可能性があります。

お守りの処分は自由

いただいたお守りやお札など、処分したいときに悩んでいる人も多いはず。これも、世に出回っているルールに縛られる必要はありません。一年後に返しにくるとか、他のお守りと一緒にしてはだめとか、お焚き上げしなきゃいけないとか……。

私はずっと持ち、今もなおどんどん増えていってます。なんなら、平気でゴミ箱に捨てちゃうかもしれません。

そこに罪悪感を持たないことが重要です。心に引っかかる人は、身近な神社やお寺へ返しましょう。どこのものでも納めてくれますよ。

音はお清めになる

お賽銭は必ず小銭にしましょう。たとえ千円にしたいと思っても、全部小銭がいいでしょう。チャリンという音をさせることが大切です。鈴や鐘もぜひ鳴らしください。お清めになります。

音はお清めや魔除けになります。たとえば、風鈴も一緒です。**風で音をさせて、悪い気を散らします**。だから、玄関などに風で自然に音が出る風鈴を置いておくのもとてもいいです。

ちなみに、お賽銭の相場ですが、その人なりの価値観でOKです。ただ、「ちょっと入れすぎかも！」と思うくらいがいいです。お金がないときの100円は価値があるけど、ボーナスが入ったときに100円だとよくないかもしれません。あなたの状況で、ケチにならないようにすると、神様がその心に感心して、気に留めてくれます。

ちなみにメジャーすぎる神社はあまり運がありません。観光地化されていたり、ビジネスで神社をやっているところはやっぱり「気」はなくなっていきます。ただ、人が少なすぎるさびれた神社もそうです。人が多すぎず、少なすぎない神社など最高です。ちなみに、混みすぎている日もよくありません。1月1日などは、何も起きないです。初詣は、日を改めて、2月4日までに行くのがおすすめです。

スピリチュアルな場所に、気持ちいい風が吹いたら吉兆

パワースポットや神社、寺に行って気持ちいい風が吹いたとき。それはあなたに運がもたらされた証拠です。特にいいのが、敷地へ足を踏み入れようとした瞬間、ザーッと風が吹いたら、もうあなたへの祝福です。天が「君だよ！」と教えてくれています。

雨が降っているのも最高です。天からの恵みがきています。

また、自分が訪れた後に人が集まってくるときも、運気が上がった合図です。もし、誰もいない場所に入った瞬間に風が吹いて、自分がお参りした後に人がいっぱい集まって来たら「最高におめでとう」です。必ず運気が上がっているので、楽しみにしていてくださいね。

神社やパワースポットに自販機があったら、ぜひ飲み物を買って飲みましょう。

場所の気が体内に取り入れられます。そこで飲めなければ、持ち帰るのもいいでしょう。

厄年は意味がない

厄年、信じていますか？　でも実は、厄年の根拠はありません。厄払いは昔の日本人による霊感商法のひとつだと思います。それが根づいてしまって、現代でもそれで商売しているところがあるから、立派なものです。

「〇〇をしなければ悪いことが起こる」と言われたりすることは要注意です。 運をよくするのは自分自身の意志しかありません。自発的な行動だけが運をよくしてくれます。また、運はその人の行動によって変わるので、年齢によって一概に言えません。

厄払いは、その世代で、いろいろな節目が現れる年だといわれています。たしかにそうかもしれませんが、別にその年齢で、その学年全員に不幸が起きるわけではありません。

ただ、もし厄払いをしないと気持ち悪い、などと思うなら、行くのも悪くありません。ただ、高いお金を払ったり、時間を費やしたりするのはおすすめしません。

厄払いをするかしないかは、その人の気持ちの問題です。私は厄年に、厄払いに行ったことはありません。自分さえ気持ちよく過ごせればいいのです。大事な判断を、他人に任せることはしないようにしましょう。

腕時計をつけると運がよくなる

「腕時計」は、身につけると運気が上がるラッキーアイテムです。それも、秒針がある腕時計です。これは、腕に小宇宙があるのと同じ。成功者は必ずといっていいほど高価な腕時計を持っています。

「運」をよくしたいと思ったら、まず変化を起こすことだと言いました。太陽は、東から昇って西に沈んで、また東からと円の動きをします。この円の動きは、時計と同じ。腕時計をつけることは、宇宙の法則を身につけていることになります。

腕時計は「できるだけ高いもの」を「自分で」買ったほうがいいでしょう。**高価な宇宙が自分の腕にあることになります。**高価なものを買うのは、苦しいことです。でも、そのマイナスはプラスになって返ってきます。マイナスになれば、あとはプラスになるだけというのも運の法則です。だから、がんばれなくなったときこそ、腕時計を買うのもいいでしょう。

特にクオーツ（水晶）時計は振動します。これは人が放つバイブレーションと共鳴し、より宇宙と自分とを近づけます。

宇宙が自分の腕にあることを感じながら、天の動きを味方につけ、幸運を引き寄せましょう。腕時計は金運もアップします。「タイムイズマネー」でもあります。

就職したいなら、その土地に愛されよ

なぜか自分に縁のある土地というものがあります。就職も、そういう場所が決まりやすいです。それは、その土地にあなたが愛されているということです。

それでは、どうすれば自分の希望する会社のある土地と縁が結べるのでしょうか。おすすめなのは、その周りの飲食店でご飯を食べることです。そうすると、場所の「気」が自分にまとって、自分もその場所と同じ雰囲気になります。そうなったらその土地に呼ばれます。

その地域のパワースポットにお参りに行ったり、そこにある自販機などで飲みものを買ったりするのも同じ効果があります。

働きたい会社があるなら、そこで働いてる人たちと同じ「気」になることが重要です。そうすると、今一緒に働いている職場の人たちとの「気」もずれてくるから自然とその後も変わっていきます。人生の流れも変わります。これが「その土地に愛され

る」ということです。

本当に愛されるためには、時間をかけたほうがいいです。たとえば、半年間ことあるごとに通ったら、きっと愛してもらえるようになると思います。

もちろん、転職まで時間がない人でも、諦めずに行ったほうがいいでしょう。とりあえず、空気を吸うだけでもいいです。

ほかに、そこに住んでる人たちと遊んでも、「気」の交流になります。住んでいる人の性格にも、土地柄というものがあります。

「なんだか、ここはケンカっぱやい人が多いな」とか、「関西はやっぱり明るいな」とか、これは自分が感じた雰囲気でいいと思いますが、それと同じ雰囲気になるのもとてもいいでしょう。

できるだけ遠くへ出かける

毎日同じ行動をしているだけだと、確実に何も起きません。ルーティンは運を連れてきません。ふだんと違う動きをしないと、人生は何も変わっていきません。

いつもと同じ毎日、代わり映えのない生活をしていると、もちろん起こる出来事は、いつもと同じ、代わり映えのない出来事です。ぜひ「いつもと違う」ことをするように心掛けましょう。

なぜかチャンスにたくさん恵まれている人がいますよね。そういう人は、必ず「いつもと違う」ことをやっているはずです。

まず、普段と違う場所へ行ってみましょう。どこでもいいです。休みの日だけでもいいから、出かけてください。

ドライブでもいいですし、新幹線でもいいでしょう。ふだんとちがうスピードの乗り物に乗るとベストです。何をするわけでもなく、ただ、ふだんと違う場所へ向かって動くのです。なぜかチャンスにたくさん恵まれる人は、「いつもと違う場所」によく行く人です。

いつもと違う場所で、いつもと違うことを楽しめるようになれれば、チャンスをつかみやすくなります。新しいことが舞い込んでも、それをそのまま楽しめるからです。

そして、旅行には行ったほうがいいです。

旅行の回数は多ければ多いほどいいですし、距離が遠ければ遠いほどに運が上がります。

運がいい人たち、成功してる人たちほど、プライベートでたくさん旅行に行ってるはずですよ。

ちなみに、これもパワースポットに行くのと同じく、身銭を切ることが大切です。何事も、自分で対価を支払わないと、手に入りません。

旅行先でできるさらなる開運方法をお伝えします

紙を1枚、破りましょう。なんでもいいので、紙を持って行って、旅先で手で破り捨てます。

「型破り」という言葉もあるように、何かを破るという行為は、自分の殻を破るきっかけになります。運の動きも変わります。

紙を破る最高のタイミングは、旅行先に着いたときです。空港から出て、大地の気を吸いこんだ瞬間です。宿泊先に着いたときでもいいですよ。ふだんの自分から外れたと実感したときがそのときです。

ちなみに紙は自宅から持参したほうがいいです。破るものは、ふだんの自分が持っているものがいいですからね。

チャンスをつかみたいなら、普段と違う場所へ行く。覚えておいてください！

15時から17時に打ち合わせを入れる

今日の15時、何をしていましたか? お昼をはさんで眠気がマックスになるこの時間帯ですが、実はこの時間で劇的に運命が変わります。

15~17時は、一日の中で運をつかみやすいラッキータイムです。

この前の2時間の13~15時は、「未《ひつじ》の刻《こく》」といいます。未には「未だ整わず」という意味があるので、この時間帯は何をやってもうまくいきません。何か抜けていたり、失敗やミスもしやすく、気分も乗りづらいです。変化の途中なので、逆にモヤモヤしていたほうがいいです。**この時間に試行錯誤すると、運を貯めておけます。**その後の2時間、15~17時は、「申《さる》の刻《こく》」と呼ばれるのですが、申という漢字に「示《しめす》」へんをつけると「神」になります。**この時間は神が宿る時間帯として、インスピレーションが湧きやすいです。**直感が冴えます。神様からのメッセージも受け取りやすいので、神がかったことも起こるかもしれません。新しい何かを取り込むにはとてもいい時間です。

もし狙えるなら、この時間帯に新しいことをやってみてください。大事な会議や打ち合わせもこの時間に設定するといいでしょう。

また、時間に関係なく、換気だけでもおすすめです。気は風によって運ばれてくるので、ぜひそれを屋内に取り込みましょう。15〜17時が最もいいですが、どんな時間帯でも換気は幸運です。戸締りだけは忘れないように。

ちなみに、パワースポットや神社に行くのもこの時間がベスト。一番いいのは、未の刻から申の刻に移る時間帯までずっといること。つまり、14時45分から15時30分くらいまでは滞在しましょう。整わなかった問題がスムーズに動き出すでしょう。

眠い時間ですが、お昼寝していたら、もったいないかもしれません。でも、うたた寝していたら、夢の中でもお告げがあるかもしれません。この時間は、いろんな可能性があると思うのですが、「いい時間!」というのを意識をしているか、いないか、それが最も重要です。

CHAPTER

4

覚悟があれば試練は乗り切れる

下心を持って味方をつくる

人生がうまくいくためには、味方が必要です。うまくいっている人といってない人の違いは、自分を応援してくれる人の数の差です。会社内でも「あの人がいいんじゃない？」と、多数決によって決まったりしますよね。

誰かと敵対することで自分を輝かせる方法だってあるとは思います。孤独になることで自分の能力を高めたり、特別な物をつくりあげる人はいます。こだわればこだわるほど、他の人に理解されない部分もあります。

でも、やっぱり、協力者がいないと始まりません。大きな活動にならないし、宣伝もできないし、相談相手がいることで客観性も出ます。

味方って、実はメリットでつながっている関係です。友だちや、気が合う人とはちょっと違います。メリットでつながっているから、じつは強い関係です。

とにかく、味方を増やしましょう。味方は、仲間とも言い換えられます。まずは、あなたの味方はどこにいるかを探しましょう。

共通の敵を持っていたりするとわかりやすいです。敵の敵は味方です。うまくいかない人がいたら、その人の敵をみつけ、仲良くしましょう。

味方を増やす行動もしっかりとやりましょう。手っ取り早いのは、相手を観察して、何をしてあげたら、この人は気持ちよくなってくれるだろうと思ったり、「今度、お礼しなきゃな！」と思ってくれるような何かをしてあげること。**下心を持って他人に親切にしましょう。味方はそうやってつくります。**

また、相手に「この部分がすごいな」というのを見せつけて味方に引き入れるのもあり。そのためには、自分の売り出し方を研究する必要があります。

どうせなので、権力を持ってる人のほうがいいです。成功体験のある人も最高です。たとえば、婚活をしているなら、同じような状況の友だちより、結婚していて、その旦那さんの友だちが素敵な男子ばかりの女の子に味方になってもらったほうがいいですよね？　おせっかいな味方も心強いです。

新しいものをどんどん買える人は、運が強くなる

壊れたり、割れたりなどは「不吉」と言われがちですが、これはまごうことなく変化の合図。新しい運気が始まるサインです。ぜひ、喜んでうけとめてください。

壊れてから買ってもいいのですが、運気をより広げていくためのコツがあります。ぜひ「まだ使えるのに買い替える」ことをしてみてください。壊れる前に変えてしまう。こうすると、運が入ってきます。まだまだ使えるパソコンなどもあえて3年で買い替えてみてください。出費は痛いかもしれないけれど、運は確実に動きます。

むしろ、多少無理して買い替えるほうが運がよくなります。iPhoneを最新機種が出るたびに替えるタイプの人も、人生がマンネリになりません。

新しいものを取り入れる性格と能力がある人は、どんどんいい流れを引き寄せます。家電好き、新しい製品好きの人は、運が強い人が多いです。**新しい知識や情報を知ることも、運がよくなります。**

洋服だって同じです。気に入ってるし、まだ着られるけど、あえて新しいのを買ってみましょう。そして、どんどん、流れを変えていく。お金がかかるじゃないですか。でも、運が強い人のほとんどはこういうタイプです。もちろん不要なものを捨てることも開運です。どんどん捨ててすっきりしましょう。

嫌なやつに困らされていたら
魔除けをつくる

すごい嫌な奴、周りにいませんか? しかも、職場とか、近所とか、親戚とか、逃れられないところに、嫌な奴はいませんか?

こういうときの、あなたを守る魔除けのつくり方をお知らせします。

まず、紙と黒いペンを用意して、相手の名前を書きます。そして、その人に関わることで、どう思ったかを書いてください。「あいつは絶対やばい」「近寄っちゃダメだ」「利用される」。感情のままでいいです。怒りや心配や怨念など紙に書き出します。**ちょっとでも躊躇《ちゅうちょ》したら意味がありません。**そして、これらは陰の感情なので、黒いペンで書いたほうがいいです。

すべて書いたら「この人と関わったらこうなってしまうので、絶対やめたほうがいい」と未来予測をしながら、今後のつきあい方を書きましょう。感情で始まり、ロジカルで終わります。そうすると効果は倍増。解決法まで載っている魔除けの完成です。

これを家のどこかに戒めとしてとっておきましょう。持ち歩くと、その念をずっと携えてしまうから、家に置いておきます。そして、嫌なことがあったら読み返し、反対にもう大丈夫になったら、ビリビリに破いて捨てます。嫌な奴との決別です。その日を想像するだけで気持ちいいですよ。

ふだんの香りは柑橘系にする

じつは、「ローズの香り」は場合によってはよくありません。ローズは女性の魅力を高めると言われ、化粧品など「女性と言えばローズ」と言わんばかりにあふれていますが、それだけ「女っぽさ」を強調させる香りです。ローズは無意識に何だか「女感」が出てしまうのです。香りは無意識的に作用するので、仕事などで無意識に女感が出てしまうと、本来の仕事の邪魔をしてしまう可能性があります。ローズには要注意です。

では、何がいいかというと普段は柑橘系の香りを身につけていると、運が上がります。柑橘類は木にしっかりと「実って」いますが、実が生まれる=運が授けられます。柑橘系にもいろいろありますが、レモンよりもオレンジがいいです。

オレンジは、赤と黄色が混ざった色です。赤は自己表現を表す色。黄色はファンができたり、周りの人から評価される色です。人気運を表します。オレンジは、この両方を取った色です。よりやわらかい印象を与えます。食べるのも運気をあげます。

赤も黄色も単体のほうが目立つし、わかりやすいけれど、両方が混ざったオレンジ色が幸運を与えてくれます。

いつも個性が強すぎるのは、運にとっては考えもの。たくさんの人とつながることで運ができるので、協調性を意識するのもいいのです。個性が強すぎる人は個性を抑えることも学びましょう。また、人は無意識のうちに香りで人を選んでいます。そのため、ある意味、毎日の香りは無難なものがいいですが、運を高めるためにはこだわったほうがいい部分でもあります。女度を高めたいときは、もちろんローズも賛成です。

そこで、用途によって運気を高める香りを紹介します。

マリブ	セクシャリティが高まる
ウッディ	協調性がアップする
フローラル	自己主張が強くなりすぎてしまう傾向があるが、内気な人にはおすすめ
マリン＆シャボン	海外に縁が生まれる
ラベンダー	金運が高まる

来たときよりも
きれいにできる人には、
運が集まります

「来たときよりもきれいにする」。これは、運をよくするためにやるべき重要なことです。その理由はふたつあります。

まず、自分たちの気を残して帰ると、あなたの運を使われてしまいます。なので、あなたがそこにいた痕跡を消す意味も込めて、きれいに掃除してから帰るようにしましょう。どこかに出かけて楽しめたら、運が良かったということです。なので、楽しんだままでは、運を置いて帰ることになります。楽しんだその時間が終わったという境界線を引く意味で、きれいに掃除してから帰りましょう。境界線を引くことで運をしまうことができます。大事な運を忘れて帰らないようにしてください。もしくはその場所で、悲しいことがあっても、そのままそこに不運を残してしまいます。次にその場所を使う人、残された人に影響を与えてしまいます。**これは後々に自分に不運が返って来てしまうので、しっかりと運を持ち帰る意識を身につけてください。**

もうひとつは、謙虚な姿勢はすべての運の根源だからです。「来たときよりもきれいにする」ことによって謙虚な気持ちは保てます。「来たときよりもきれいにする」ということには運をよくするコツが詰まっています。

ほうれい線が目立ってきたら、
自分が思う通りに行動
できてないということ

顔相占いでは、頬は社会を表します。見てください、アンパンマンを。あの人気者は、ほっぺがぷっくり、きらりとしています。

頬が上がってる人ほど、注目されやすいし、人気者になりやすいです。もし、社会でうまく自分を表現できていない、人間関係で悩みがあるという人は、頬をリフトアップすると社会でうまく立ち回れるようになります。チークを入れる位置を高くしたり、ツヤが出るクリームチークに変えるのもいいですね。効果が出るはずです。

また、ほうれい線が目立ってきたなと思ったら、運が停滞している可能性がありま す。**人間関係の広がりやつながりを感じられないと、ほうれい線は目立っていく傾向があります。**社会的に満足していない証拠です。ぜひ外に出て、新しいつながりをつくってみてください。それが新しい運につながっていきますよ。

仕事で苦労している可能性も高いです。鏡を見たときに、ほうれい線がいつもより目立つなと思ったら、他にやりたいことがあるのに実現できてないことがある証拠です。心の持ち方によって、ほうれい線を薄くすることも可能です。ときどき、鏡を見てほうれい線をチェックしてください。

時の神様を味方につける

スポーツとは、上手につきあってください。スポーツジムやランニング、ゴルフなど、健康のためや出会いを求めるくらいならいいのですが、プロ志向になると運気に影響が出ます。ある程度うまくなる分にはいいのですが、スポーツに関しては、「そもそもの目的」に立ち返る必要があります。

というのも、勝負にこだわりすぎると、エネルギーを使い過ぎて、知らず知らずのうちに仕事や恋愛がおろそかになります。

人生は短いのです。本当に大切なことに時間と体力を割けるよう、注意しなければなりません。時の神様は、エネルギーのある人に味方します。もったいないエネルギーの使い方は禁物です。

同じく、プライベートは充実しているのに、お金が稼げていないとしたら、それは戦う場所を間違えています。

どうでもいい人間関係の戦いなどは、さっさと避けてください。無駄な戦いは避け、あなたが戦う本当のフィールドがどこかをもう一度考えてみましょう。周囲の人を頼ったり、人を動かす方法を考えることも戦いを避けるコツです。エネルギーのムダ遣いは避けましょう。

ひとりの力で何かを成し遂げようとしすぎると、人生はまったく時間が足りません。世の中には能力や才能を持ってる人たちがたくさんいます。その人たちと協力して、力を貸してもらって、自分が本当に戦うべきことへのエネルギーを蓄えておきましょう。

できそうな人に丸ごと任せてしまうのも、自分だけの戦いを避けるために有益です。そうすれば、徳も積めるし、自分も楽ができるし、他にエネルギーを使えるようになるから時の神様も味方になってくれます。一石三鳥ですね。

過去を象徴するものは飾らない

過去にしがみついている間は、運がきません。過去のものや人は、そのエネルギーを使い切ってるから過去なのです。「そこでの運は終わったよ」と神様は言っています。早く次の運を手に入れなければ、それ以後はずっと終わった運の中にいることになります。「昔はよかった」なんてこと、言いだしたらもう終わりです。**ちなみに、そういうことを言う人が身近にいるだけで運が悪くなるので、そっと離れてください。**

何度も優勝する人は、過去のトロフィーにはもう興味がないです。次の試合のことしか考えていないからです。そして、そういう人がやっぱり勝ち続けます。トロフィー以外でも、何か過去の実績など「これで私は輝いた！」と象徴する物を、大事に飾らないでください。これだけでも大分違います。

着なくなった服もバンバン捨てましょう。捨てるということは、新しい服を買わなければいけないというエネルギーが上がるということです。昔の恋人の写真やプレゼントなども思い切って捨てたほうが新しい恋に出会えます。モテる人たちはバンバン捨ててます。

過去のエネルギーは過去のもの。いくら輝かしい過去でも、もうそこには運はありません。神様は厳しいのです。

友だちが変わることは
よい予兆

友だちが変わるのは、幸運がやってくる予兆です。

友だちと疎遠になることは、じつはステップアップのサインです。あなたが変化したということです。

交友関係はどんどん変えていったほうがいいです。たとえ、とても仲の良い友人でも、話が合わなくなったら、そこにいる時間は「今は」必要ないということ。友情は10年しか続かないというデータもあるそうです。**話が合わなくなったときに、神様は、別の友だちを用意してくれています。**新しい世界に出ていきましょう！

一度完成したり、何か生んだものは、落ちていくしかありません。これは、人間関係だけではなく、会社にも言えることです。

ずっと同じことを続けるのは素晴らしいことですが、ちょっとずつ変化させていかないと終わってしまいます。

実は同じことしかやっていないように見える会社ほど、ちょっとずつ変化させています。長く続いている企業は何回か別のことに乗り出し、変革がうまくいっているはずです。反対に、変化を起こしにくい会社は危険です。

また、何か変化を起こさないといけないときは、自然と新しい課題が用意されます。ただそれに気がつけるかです。もしくは、気がついてもそれを無視したり、後回しにしていないかがポイントになってきます。

「このままいくと、いろいろなことがなあなあになりそうだな」「この人たちと一緒にいたら流されてしまい、本来の人生の目的を見失いそうだ」と思ったら、もうその人と友だちでいるのはやめちゃいましょう。

友だちは多ければ多いほどいいんです。縁を完全に切れと言っているわけではありません。交友関係を広げましょう。

ふと顔が浮かんだ人は、
向こうがたぶんあなたの
ことを考えてます

ふと顔が浮かんだ人がいたら、向こうに求められています。

でも、ここでポイントなのが、別に恋愛感情ではないということです。向こうが、あなたに何かお願いしたいことがあったとか、ちょっと相談したいとか、仕事のオファーだとか、**つまり向こうがあなたについて考えていることをキャッチした状態です**。ただし、ふと顔が浮かんだ相手に、あなたが恋愛感情を持っているときはあてはまりません。好きな人の顔はのべつまくなしに浮かんじゃいますからね。

顔が浮かんだからといって、すべて縁があるわけではありません。仕事の依頼だったら絶対に受けたほうがいいかというと、そんなことはありません。

すんなり行動できるときは問題ありません。顔が浮かんで気軽に「連絡してみよう」と自然に電話するなどは◎。でも、こちらからはそこまで連絡したくないときは、めんどくさい案件である可能性が高いです。

あなたがすっかり忘れている案件を、向こうが待っている場合もあるでしょう。想像以上に待ちわびている可能性もあるかもしれませんので、いい機会だと思って連絡してみると、いいように動き出すかもしれません。

家がいちばんリラックスできる場所ですか?

ストレスを家に持ち帰るようなことはしないように気をつけてください。イライラしたり、ネガティブな考えは、なるべく外で発散してから帰ってくること。仕事で怒らなければならない電話は家でしないほうがいいですし、家族とも恋人ともケンカをしないほうがいいです。家族や恋人といると、どうしてもケンカしたり、ストレスが溜まるなら、運がもうない証拠です。家から出る選択肢もありです。

不幸を家に持ち込まないことを徹底しましょう。 たとえば、あの人と会ったら疲れた、などと思ったときは、そのまま家に帰るのではなく、寄り道して帰りましょう。お酒を飲んだり、カラオケに行ったり、本屋さんにふらりと寄るのも効果的です。また、駅のトイレなど、公衆トイレに行ったあともそのまま家へ帰らないほうがいいです。いろんな陰の気が混じり合っているので、それを連れて帰ってしまいます。もしも入ったら、その後にどこかに寄って、リフレッシュしてから帰りましょう。コンビニで軽く買い物したりするだけでも効果はあります。お金を使うことは、厄落としになるからです。

タダで使ったということに対して、何か対価を払うと運は落ちません。使ったという恩を返したことになります。

家は結構怖い

実は、どんないい家を建てても、家の運気は20年しかもちません。20年ごとに改築や増築、リフォームをするなら別です。運気を大きく上げるのにいちばんいいのは引っ越しです。だから、家を買うことは推奨しません。賃貸のほうが、風水的には開運しやすいのです。

ただ、絶対に買うなということではありません。ポイントは見栄をはらないことです。特に無理して高い豪邸を建てると運が落ちます。最悪、その豪邸を売り払うことにもなるでしょう。家で見栄を張ると、嫉妬、妬みを買いやすいので、特に謙虚さを意識しましょう。そうすれば問題はないです。もちろん、明らかにお金に余裕がある場合は例外です。

人の運気はだいたい20年ごとに移り変わります。家族も、子どもが生まれて広い部屋に引っ越し、子どもが独り立ちして夫婦で小さい部屋に引っ越す。これも大体20年周期で、運が回っていくスケジュールとも大体合っています。あなたが大人になって60年間、3回の20年のターンを考えることが大切です。必ず起こる3回の大きな変化を、購入する家でどう受け入れるか。**変化が幸運へのチャンスなら、変化できないことは不幸の入り口にもなります。**家は結構怖いものです。

玄関は内と外との境界線

家に帰ってきたときに、靴を揃えることをおすすめします。外に向けて揃えましょう。

家をリラックスできる場所にするには、外の世界と内の世界を境界線で区切る必要があります。そのまま、靴の方向が家の中に向いているというのは、外の世界をそのまま引きずっている状態。つまり、靴を揃えずに脱ぎ捨てていると、外のモードのままでリラックスができないかもしれません。反対に家で仕事をしなきゃいけない場合は、逆に脱ぎ捨てるほうがいいかもしれませんが。

風水でいうと、玄関は人間の口にあたります。だから、きれいにしているほうがもちろんいいです。いっぱい靴が出ているのは、歯にのりがついてるような状態です。**玄関掃除をしていない玄関は、歯石が残っている、歯磨きをしていない口の中です。**だから、靴は使う分だけ出して、すっきりとピカピカにしたほうがいいです。家の口と自分の口はイコールになっている可能性があります。もしかしたら、玄関が汚い人は虫歯かもしれません。口内環境が悪いと、喋りにトゲが出てきたりもしますから、口の禍《わざわい》にも気をつけましょう。玄関をきれいにするだけで性格がよくなる可能性も大いにあります。3か月ぐらいの心がけで、確実に運が変わってきます。

こどもの頃、やりたくて
やれなかったものに
注目してみてください

子どものころにやってみたかったのに、禁止されたり、何かの事情でずっとできなかったものはありますか? **もしも、今それができる状況なら、そこに必ず運があります。**

もし覚えてなかったら、親に聞いてみるのもいいですね。「あなた、○○が好きだったじゃない」と、自分が気がついていないキーワードが見つかるかもしれません。あとは、信頼できる人に、自分に向いていることは何かを聞いてみるのもいいでしょう。「そういえば、子どものときに1度やろうと思ったな」なんてリンクしたならば、間違いなくそれをやったほうがいいです。占いや心霊現象などに興味があったら、今からでも占い師、スピリチュアルカウンセラーを目指したほうがいいでしょう。今すぐに!

幼いときにやれなかったことが、大人になってからの自信のなさに繋がっていることがあります。そんなことで? と思うかもしれませんが、でも、小さいころにやりたかったことが大人になってできるようになったって、すごいことだと思いませんか? あなたの中にいる子どもが、「これができるようになった!」と自信満々になったとき、その先の運は必ず変わっていきます。

寝ている間に
運を貯めるには
布団で寝る

風水では、寝ているときに気が入ってくると考えます。なので、寝ることも、運をよくします。**睡眠は、悪い運を落としてくれます。**

そこで大切なのが、やはり睡眠の環境を整えること。たとえば、移動中の電車やタクシーなどでは、もちろん質のいい睡眠が取れないので、いい運が入ってきません。シーツや枕カバーを清潔にするのもいいです。マメに洗濯したり、季節ごとに新しいものを買い替えたり。それだけで十分、運が上がります。

さらに欲張るなら、ベッドよりも布団がいいです。できるだけ、大地に近いほうが安定するし、いい気が入りやすくなります。もちろん、これも今、ベッドに寝ていて調子がいい人は変える必要はありません。ただ、なんとなく不調を抱えている人は、試しに床に布団を敷いて眠ってみるのもいいかもしれません。

ところでみなさんは夢を覚えていますか？　いい夢、悪い夢、寝てるときにはみんないろんな夢を見ています。現実ではありえないことを見たりもします。もし、予想外の嫌な夢を見たときは、いいことしか起こりません！

耳は活力の源

陰陽五行論でいうと、腎臓は「水の気」で「セクシャリティ」を表します。そして、耳と形が似ていることから、耳は腎臓とみなされます。つまり、ざっくりと耳は「セクシャリティ」を司ります。つまり人間にとって活力の源である器官です。

だから、運をよくしたいなら、ズバリ、耳をもむのもＯＫ。活力に刺激を与えましょう。まず、耳は上の部分が精神の世界、下の部分が現実を表します。**だから、耳の上の部分をもむと気持ちが安定したり、新しい目標が見つかったりします。**急に幸運が舞い込む可能性もあります。毎日の生活を充実させたい人にはおすすめです。また、解決したいトラブルがある場合や「ちょっと自分が前に出すぎてるな」と思う人は、耳の真ん中あたりをもんでみましょう。中立が保てるようになるでしょう。ちなみに耳とふくらはぎはイコールだと考えます。ですので、ふくらはぎをもむのも運気的にものすごくいいですよ。

刺激という意味では、イヤリングもひとつのきっかけになります。耳の下につけると、耳たぶが伸びて、大仏の耳に近づきます。耳の下は現実を司るので、ここが広がるということは、収入や仕事などがしっかり安定するということ。プラスに転じる可能性があります。耳たぶをもんでも、同じ効果があります。

耳に直接穴を開けるピアスは、吉凶どちらに出るか、正直にいうと、試してみないとわかりません。今、日常的にピアスをつけている人で調子が悪い人は、やめたら調子が戻ったり、運が上がるかもしれません。何回もお伝えしていますが、調子がいいときはそのままがいいし、悪いときは反対のことをしてみると、運がいいほうに働く可能性があります。

あなたの耳の形はどんな形ですか？　耳のタイプを大きく見ていきましょう。

さきほども言いましたが、耳は上の部分が精神の世界、下の部分が現実を表します。耳の真ん中の郭の部分がはみ出ている人は我が強いタイプです。これをうまく使えると個性的で、他の人とは違ったセンスを発揮し注目を浴びます。

髪の毛で耳を隠していて、耳たぶの下の部分だけが見えてる人は、芸術性の高さを表します。アーティスト、ファッションの仕事をしてる人に多いです。宇宙人みたいに耳の上部が尖っているタイプは、先生、指導者など、人に教える職業に向いています。権威のある職業が適職になります。

また、大仏様みたいな耳たぶが長い耳をしている人は、お金や地位など、現実的に安定しているものを多く持ちます。

ちなみに、耳が丸っこい人は、自己表現がテーマです。褒められて伸びるタイプだったりもします。比較的四角く細長い耳の人はコミュニケーションがテーマの人で記者、ライター、作家、司会業、アナウンサーなどの職業の人が多いでしょう。逆三角形の耳を持つ人は攻撃性が高いです。性欲が強い人にもよくみられます。

満月の前にお財布を振りましょう

お金ほしいですよね。そういう人は、満月に向かって、自分のお財布をかざしてフリフリしてみましょう。ただそれだけです。金運がアップします。帰り道に「あっ、満月っぽいな。財布振ろう」で大丈夫です。そのときのお財布はちょっと開いたほうが良いでしょう。

満月は丸いですよね？　満月をコインの形に見立てて、満月が自分のお財布の中に入ってくるようなイメージを持ちましょう。「入って」と念じながら振るとより効果的です。

月の引力の引き寄せの部分もあります。やっぱり月は「ツキ」なので、ツキがきます。言葉の音は、運に関係してきます。

最も強力に引き寄せたいのであれば、満月の3日前から、できれば毎晩やるといいでしょう。当日は、エネルギーがすでに地上に降りてきている可能性もあります。占星術では、星の動きの影響は多少前後します。人によって幅があります。

夜、外に出て振っているとご近所さんに遭遇したりして気まずいときもありますが、恥ずかしがらずやってみてください。電線がない開けたところでやると、月のパワーをストレートに受け取れます。

財布だけでなく、スマホを振るといい連絡がくる

ちなみに、満月の日は財布だけでなく、スマホも振ってみてください。いい連絡がきます。**こちらも月の引力にあやかって嬉しい連絡を引き寄せます。**

満月のときは、みんな気持ちが高ぶり、楽しみたくなり、行動力もアップします。欲求不満になってる人も多いから、お望みの方も、そうでない方も元カレや元カノから連絡が来るかもしれません。状況に合わせて対処してください。

いい連絡が欲しい人は、これも固有名詞など言わず、気軽にお願いしてください。「何かいい連絡くださーい」「待ってまーす」のような感じです。スマホのロックは解除してから振ってください。

ちなみに、満月は、敏感な人は体調が崩れたりもしますから気をつけてください。

北西に強い人の写真を置けば、お金持ちになります

北西は、とてもエネルギーが強い方位です。「天門」とも言われ、強運さを発揮します。この方角のエネルギーを強化するには、ぜひアナログ時計を置いてください。デジタル時計では効果が出ません。

「占い」が生まれた時代はまだ天動説だったので、地球の周りを惑星が回っているという考え方でした。つまり、北西に円を描くものがあると、天からの恵みや幸運がやってきて強運になれます。なので、アナログ時計を置くと運気が高まります。

金運アップには西がすごく大事なのですが、北西は仕事で成功を収め金運を引き寄せることを表します。もしくは、お金をうまく運用していく力も表します。

さらに権力のある人や、強いものを置くと、北西のエネルギーがどんどん高まります。**ナポレオンの写真とか、漫画に出てくる強いキャラクターや歴史上の人物、レスラーや戦車とか刀などもいいでしょう**。権力があるという意味では、人気のある芸能人でもいいかもしれません。また、出費も少なくなります。なぜかって？　権力があって強い人が金庫を守ってくれるからです。スキャンダルが出た人はやめておいたほうがいいですが、逆にスキャンダルを出しても生き残っているような人は、強くて運がある人だからオススメです。

新月は、頭の回転がシャープになる

月は、新月から上弦の月になり、満月になって下弦の月になって新月に向かっていくというサイクルです。その中で、特に強いエネルギーがあるのは新月の日と満月の日です。この日をうまく使えると運が高まり、大きな変化を起こすことができます。

新月とは、新たなスタートの日です。この日に何かアクションを起こすと、物事が長続きします。決意表明するにも間違いなく素晴らしい日です。勉強やダイエット、趣味など何か新しいことをしたい人は、この日を選ぶと達成しやすくなります。この日に願い事をすると願いも叶いやすいです。注意点としては、原因不明の頭痛や腹痛が起こったりするなど、体調に変化が出ることです。ただ、便秘が治った人は、「デトックス効果」としてとらえることもできます。

あと、気をつけてほしいのが、新月の日は、孤独を感じやすいことです。この日は、みんな忙しくすごしているので、誰からも連絡が来なかったりもします。何もないゼロの日ですから仕方がないと思ってください。でも、孤独は嫌なことばかりではありません。自分自身と向き合う時間として使えれば、これから何をやっていけばいいかが見えてきます。

上弦の月の日には決断する

上弦の月とは、新月と満月の間の日です。この日は、決断するのにいい日です。**決断しなければいけない状況の人は、この3日前ぐらいから、今までクヨクヨ考えていたことに覚悟を決めるようなエネルギーがもらえるはずです。**だから、今つらい方は、上弦の月の力を信じてみましょう。上弦の月の決断は、いい決断ができるはずです。

ただ、攻撃的になりやすいので、注意も必要です。体が刺激を求めます。トラブルやケンカなど、突発的な何かも起こりやすくなりますが、このイライラをポジティブなパワーに変換できれば、上弦の月は最強です。

この本能的な変化を中和するために、辛い物を食べてパワーを散らすのもいいでしょう。

上弦の月の後は、満月です。イメージとしては、新月でスタートしたものが、満月で最高潮に達すると思いましょう。間にある上弦の月では悩み、葛藤するけど、そこで苦しんだこともいい経験になって満月で達成する感じです。上弦の月はいいスパイスになります。

満月で絶頂を感じたあと、下弦の月に向かいます。エネルギーが弱っていきます。なので、今までのままではいられません。新たなことに向けて種まきを始めないといけません。

そして下弦の月の日には、今の自分に足りないことは何かを考えることになったり、他のことで熱くなれるものを探さなければいけなくなります。ある意味ケジメをつけることにもなるかもしれません。もしくは、ここで燃え尽きることも重要です。

そして、下弦の月から新月に向かう間は、思い通りにいかない問題が出たり、受け入れがたいことも出てきます。**この期間はむしろ悩むことが大切で、クヨクヨ考えたり、ドロドロしていたほうがいいでしょう。**

そのほうが、次の新月の日にマイナス要素をすべて出し切り、新しくスタートが切れます。

お金を洗濯すると金運が高まります

小銭を神社や、パワースポットの川の水で洗うと金運が上がります。カゴが置いてあって、小銭をお水で清められる神社も結構あります。きれいな水で洗うと、その場所の気をまとうので、その後お金を流通させると運が返ってきます。家で洗うのもいいでしょう。

お札《さつ》も洗えます。そして、お札は、洗ったものはわかるように入れます。基本、お札は折らず、しかも高額のものが後になるように入れていったほうが運気が貯まりますが、この洗ったお札だけは別で折って入れておきましょう。そうして、使わないようにします。「今日はお金がない。どうしよう」というときは仕方がないですが、大切に使うと確実に金運がアップします。もし、地位のある人からタクシー代やチップをいただいたら、それは使わずに、神社で洗ったお札と同じところに入れておきましょう。いろいろな幸運が訪れます。自分より収入がいい人や、運のいい人にお金を交換してもらうのもすごくいいでしょう。自分が「運がいいな」と思う人で大丈夫。強運が集まります。

また、お札も小銭も、満月のときに月光浴をさせるのもおすすめです。

変化を起こしたいなら北東へ

あなたの自宅から北東には何がありますか？　そこにいけば何かが起こるかもしれません。北東は変化を表す方位。家相でいえば「鬼門」と呼ばれます。**鬼門は、そもそも悪い方角だと思われていますが、実はそんなことはなく、変化が起こる方位なので、じゃんじゃん出かけてみてください。**

遠くに行けば行くほど、運は強くなります。距離に応じて、ピンとゴムを引っ張って、それが跳ね返るイメージです。休みの日に、自転車でふらっと出かけるだけでも小さな効果があります。車輪が回ることで、運が回っていきます。車でもいいでしょう。自転車も車も持ってない人は、北東へ歩いて行くだけでもいいです。

まずは歩き出してみて変化を求めましょう。

それぞれの運を上げたければ、こちらの方向に出かけてください。いずれも、遠くに出かければ出かけるほど強くなります。

南	出世、名声、注目、別れ
南東	結婚運、コミュニケーション力アップ
東	元気、モチベーションアップ、行動力アップ
北東	変化、ギャンブル運、停止させる運
北	恋愛運、出会い運
北西	健康運、仕事運
西	レジャー運、合コン運、金運
南西	貯金、貯蓄、協調性、人気運

運は背中からくるので、
リュックは
背負わないほうがいい

背中から太陽の持つエネルギーを吸収します。

四つ足の動物は、背中から太陽の光を浴びて、体の調子を整えています。動物は、頭、背中、腕、足など体のそれぞれのパーツには、意味があります。背中はその人の「自信」を表すパーツです。これは、占星術で考える身体と星座の対応です。

背中が獅子座です。ちなみに、頭が牡羊座、のどが牡牛座、腕が双子座、心臓が蟹座、腸が乙女座、腎臓膀胱が天秤座、生殖器が蠍座、ふとももが射手座、膝が山羊座、すねが水瓶座、魚座が足首です。ですので、牡牛座はのどを使うと運が高まるし、牡羊座は頭の回転が速かったりします。各星座の強いところになります。

獅子座は「自信」や「自己表現」の星座です。だから、背中をきちんと伸ばすのは、とても大事です。**自分に自信がないとき、ぜひ背中を伸ばして、昼間に外に出て、太陽のエネルギーを吸収してみてください。**きっとあなたのエネルギーを高めてくれます。

もし後ろ姿を褒められたら、自信がみなぎっていたり、自己表現の運が高まっていると思っていいでしょう。「背中で語る」と言いますが、自分の背中が今どういう状態か気を配ってください。

ちなみに、運のいい人に背中をさすってもらったら運が上がります。逆に変な人に背中を触られると、運気が下がります。**パワーは背中から持っていかれるので注意しましょう。**自分の背後に立った人には注意してください。

バスや映画館など、後ろの席に座る人もとても重要です。後ろに座った人が運が強いなら、むしろラッキーですが、変な人だと運を抜かれます。

私は、リスクを避けるために、できるだけいちばん後ろの席に座るようにしていますが、好みで判断してください。

また、運を上げるためには、できればリュックは背負わないほうがいいでしょう。どうしてもリュックを背負う場合は、荷物の量を減らしましょう。荷物が重いと、運が落ちていく可能性が高いです。

眠っているときも、布団をいいものにすると運気も上がります。

おわりに

なかなか自分自身を変えるのは難しいことだと思います。

本書では、その手助けをしてくれるのが人との出会いだと言いましたが、出会うかどうかは何らかの意味や縁があります。憧れの人や、今自分に取って必要な人との出会いはとても楽しいものです。

ただ、それとは別に試練の出会いもあります。

何をやっても噛み合わない人、いつも嫌味を言って来る人など、いわゆる「嫌な人」との出会いもあるはずです。この出会いは、自分も誰かにそういう印象を与えているから起こっています。

「自分で気がつきなさい」「そして治しなさい」と神様が教えてくれているのです。

そこで、文句を言ったり、張り合うと、何も変わりませんが、そのような人をうまくかわせるようになると、自分自身も変わったことになります。つまり、次のステージに進むことができます。

自分が変わったことの証として、より魅力的な人たちとの出会いを引き寄せるようになることでしょう。そうなると、人との接し方もいつのまにか変わり、出会いの質がいいものへと変わっていきます。

このように人との出会いは、今の自分の弱点を浮き彫りにし、今やるべきことを教えてくれます。それを素直に受け取れると、魂のレベルも上がって、運気も高まります。

人生につまずいたとき、「これには意味があるのでは?」とまず考えてみましょう。絶望を感じたときほど、幸せがその中にあります。

そんなときに、自分を変えることができるかどうか、強い覚悟を持てるどうかが、あなたの人生を決めるのです。

もちろん、誰もショッキングなことなんて経験したくないと思います。でも、これが本当のチャンスです。ショックが大きければ大きいほど、人は最も大きく変わります。人生で、つまずいたり、挫折したときほど、幸せになれるチャンスだと思いましょう。もしくは、学び忘れた物があるから、それを取りに行かないといけないので、一旦、全てを失うことが起こります。

苦しみの中でも、一点の輝きはあるはずです。大事なのは、その輝きをつかもうともがき、葛藤することです。それが真正面からできる人間はとても強いです。でも、安心して下さい。神様は、すべてを回収できる人にしか、すべてを失わせません。

今まで積み上げてきたことがゼロになったら幸運がやってくると思いましょう。すべてはよりいいように進むはずです。

幸運のメッセンジャーは誰なのかを探してみて下さい。この本もそのメッセンジャーのひとりだと思います。人は、変わるために何かに出会うのです。

この本を手に取って頂いたすべての人へ。あなたの幸せを祈っています。

Love Me Do

生まれはあなたを支配するけど変わることだけが運をよくする

2020年7月13日　第1版第1刷発行

著者	Love Me Do
発行者	村上 広樹
発行	日経BP
発売	日経BPマーケティング
	〒105-8308　東京都港区虎ノ門4-3-12
	URL　https://www.nikkeibp.co.jp/books/
ブックデザイン	上坊菜々子
カバーイラスト	杉山真依子
構成	長嶺李砂
校正	加藤義廣（小柳商店）
編集	中野亜海
本文DTP	フォレスト
印刷・製本	大日本印刷

本書籍に関するお問い合わせ、ご連絡は下記にて承ります。
https://nkbp.jp/booksQA

ISBN 978-4-8222-8865-5